現代語訳

他力門哲学骸骨

清沢満之〔著〕

藤田正勝〔訳〕

法藏館

現代語訳 他力門哲学骸骨 目次

現代語訳 …… 3
原文 …… 129
解説 …… 藤田正勝 217

装幀—山崎　登

現代語訳

目次

一　宗教　7
二　無限　14
三　有限・無限、、　17
四　根本の矛盾　18
五　有限の外に無限がある　21
六　自力と他力の二門　23
七　（有限は無我である）　24
八　因縁所生　26
九　自覚の統一　28
一〇　開発（活動）　33
一一　補足　37
一二　心霊　40
一三　知情意　41

一四　三つの働きの諸段階　43
一五　心霊の開発　44
一六　万有心霊　48
一七　無限無数　49
一八　無神論・有神論　51
一九　一神論・多神論　52
二〇　汎神論と万有が開発・発展するという論　53
二一　自利・利他〔上〕　55
二二　自利・利他〔下〕　57
二三　自利、利他、および方便の必然性　58
二四　救済の必要性　59
二五　自力・他力　61
二六　方便　66
二七　無限の因果〔上〕　73
二八　疑問と非難　76
二九　無限の因果〔下〕　82

三〇　願と行の成就（無限の因果）　89
三一　三種の荘厳　95
三二　浄土　97
三三　伴属荘厳　100
三四　有限の信心（華開蓮現）　102
三五　有限　105
三六　造業の区別　109
三七　煩悩　110
三八　無明　114
三九　迷いと悟り、凡と聖　116
四〇　転迷開悟　118
四一　他力の信と行　119
四二　信の獲得と因果　120
四三　正定不退　122
四四　信を得た後の行い　125
四五　信を得た後の風光　126

他力門哲学骸骨

一　宗教

宗教とは何でしょうか。その定義はさまざまで、一定していないように思われます。かつて『宗教哲学骸骨』の英訳[*1]が刊行された際、いくつかの定義を列挙しました。いまそれをもう一度ここに記しますと、次の通りです。[*2]

(a)宗教は心を平安にし、人生に落ち着きを与える技ないし実践である。
(b)宗教は魂の運命（行き着く先）を確かめる技である。
(c)宗教はいかにしてさとりを得るかを教える技である。
(d)宗教は自己自身の真の本性についての知的な直観である。
(e)宗教は国家が認める見えない力に対する畏怖である。
(f)宗教は道徳である。
(g)宗教は内なる裁判官である良心の声に従うことである。この良心を人は象徴的に自分の外にあるものと、また神と考える。
(h)宗教は絶対的な真理が表象的な意識に対して、あるいは感情、表象、反省的理解に対して、したがってすべての人間に対して取る形式である。
(i)宗教は依存の感情であり、無限なもの、永遠なものと一つであるという感情である。
(j)宗教は人間の心を神秘的な心に結びつけるきずなの感情で、人生を規定することである。人間の心は、この神秘的な心が世界と自分とを支配しているのを認めるとともに、自分がこの心と結ばれているのを感じることを喜ぶ。
(k)宗教は霊的実在への信仰である。
(l)宗教は、主観的に考察されるならば、感覚と理性から独立に、いな感覚と理性をもつにもかかわらず、人間に対して無限者を種々の名前で、またさまざまに異なった姿形において理解することを可能にする、心の能力ないし性質である。

これらさまざまな定義で言われていることはきわめて多様ですが、宗教が目的としているところについては、要するにどの定義もみな一様に、安心立命[*3]を求めることを最終的到達点としているように見えます。これは、宗教の本来の姿を示すものですし、宗教にとって必須で不可欠の事柄を説くものであると言うことができます。いま、宗教の本来の姿の成立について詳しく見る前に、宗教の必要性について一言述べたいと思います。

宗教はどうして必須不可欠で大切な教えなのでしょうか。ほかでもありません。それが目的とする安心立命というものが、他のさまざまな教えと同じように、抜苦与楽、つまり苦を取り去り、楽を与えるという大切な事柄であるからです。われわれの実際の生活においては、何を仕事とするにしても、すべて離苦得楽、すなわち苦を離れ、楽を得るということに関わらないものはないように思います。したがって、楽を与える方法であれば、それが何であるにせよ、すべてわれわれにとって必須なものだと言うことができます。農業や商業、工芸の技術からはじまって、政治や教育、文明化に関わるさまざまな仕事に至るまで、その最終的な目的は、すべてわれわれの苦痛を減らしたり、なくしたりし、喜びを増やしたり、与えたりするということに関わらないものはありません。そうであるとすれば、いまここで、宗教こそは、われわれの社会において、必須なもののなかでも必須な事柄であり、不可欠なもののなかでも不可欠な事柄であると言わざるをえません。というのも、われわれの喜びや楽しみ、苦しみや痛みは、その数において無数ですし、その内容もさまざまですが、もっとも肝心なのは、精神的な現象に関わるものです。そして、宗教というのは、精神のおおもとに関わって、安心立命という大きな楽を与えるものです。それ故に、宗教は必要不可欠で大切な教えであると言わざるをえないのです。

実際、いま述べましたように、宗教は必要不可欠で大切な教えであります。ところが、われわれはややもすると、それを誤解し、宗教は物好きな人々が関わる事柄であるとみなしがちです。これはいったいどういうことでしょうか。宗教家たちが人々を啓発したり、導いたりするという点で不十分であることがその原因であると言えると思いますが、それだけでなく、世の人々自身もまた、迷妄のそしりを免れることはできないと思います。もし宗教が、物好きな人々が関わる事柄であるとすれば、政治や法律、農業や商業、工芸といったものも、やはりそうだと言わざるをえません。これはどうして事の道理をわきまえた人の言葉だと言えるでしょうか。宗教が世の中でほとんど役に立っていないと言われることがありますが、〔いま述べたような言説が広く行き渡っていることを考えますと〕それもどうして偶然だと言えるでしょうか。

さらにもう一つ誤った見方があります。宗教が人々の考えや気持ちに影響を及ぼし、その意味で社会的な力をもつために、それを政治上の一つの道具にしようという考え方のことです。これもまた宗教についてのはなはだしい誤解だと言わざるをえません。というのも、本来、目的である宗教と、手段である政治との場所を入れ替えようというものだからです。政治というのは、外面的な事柄に関して、われわれの苦痛を取り去り、歓楽を与えようとするものの一つだと思います。それに対して宗教は、内心の不安を取り除き、心の底から大きな安心を得させようとするものです。どちらが根本で、どちらが末節かを判断するのに、知識をもった人を待つ必要は最初からありません。そうであるのに、これを逆転して、冠を履き物に、履き物を冠にと考える人がいるのです。これではまさに虻蜂取らずになるのではないでしょうか。政治もその本領を発揮することができず、宗教もその有益性を発揮できないのも、当然ではないでしょうか。

宗教を未開時代の遺物であるとか、あるいは文明世界の厄介者であるとか言うに至っては、宗教が何であるかをまったく理解していないだけでなく、みだりに妄想をたくましくして、社会のありようを撹乱しようとするものにほかなりません。その主張はとても有害なように見えますが、今日では、少しでも眼識のある人がそのような妄言に耳を傾けるということはありませんので、とりたてて排撃するという必要はないと思います。

要するに、宗教は社会において必要不可欠で、きわめて大切な教えであります。その効用は、干将《かんしょう》・莫邪《ばくや》の剣*4のようであると言えます。それを活用するには、またすぐれた使い手が要ります。それをたとえば物事がまだよく分かっていない小さな子供にもてあそばせるとしますと、少しも効果がないだけでなく、社会に大きな傷を与えることにもなります。眼識のある人は、この点に注意しなければならないと思います。

宗教の目的は、すでに論じた通りですし、その必要性もいま論じた通りです。これからその要素について詳しく検討したいと思いますが、ここでもまた、その目的、つまり抜苦与楽についての考察から始めようと思います。

そもそも苦と楽とは根本的な感情であり、それを解釈するということはできないものです。しかし、いまそれが生じてくる状態がどういうものか考えてみますと、苦しみや痛みが生じるのは、心の内部と外界の状況とが適合しない場合だと考えられます。それに対して喜びや楽しみが生じるのは、心の内部と外界の状況とがうまく適合する場合に限ります。したがってわれわれの生活が有限な範囲内にとどまる限り、とうてい安心立命という大きな楽が存在することはできません。というのも、あらゆる存在は無常であり、有限な対象は、大きいものであれ、小さいものであれ、早晩いつかは変動を免れることができませんから、ある境遇に精神が適合していても、それが変化してしまえば、歓楽もまたそれにしたがって消滅せざるをえません。例として、いま一つの珠玉を手に入れて、それを大切に愛《め》でるような場合を考えてみましょう。そこにはもちろん大きな歓楽があるでしょうが、一旦それが壊れるという不幸に遭遇した場合、歓楽はたちまち消え去り、逆に愛惜の苦痛が残ることになります。たとえそのような破壊の不幸に出会わないとしても、ほかにもっと珍しく美しい宝珠があれば、珠玉を愛する者の情として、いままでのものを厭い、新しいものを欲しいと思う苦痛に迫られることになります。これはほんの一例にすぎません。われわれの前に現れてくる境遇はすべて、これに類しています。このなかにどうして、安心立命という大きな楽が存在するでしょうか。したがって、安心立命という大きな楽を欲する者は、有限な領域を離れて無限な境遇を求め、それに対する精神の適合を求めざるをえないのです。そしてもしいったん無限の境遇において安心を得たならば、この境遇は永久に不変であり、涅槃寂静[*5]と言うことができます。それには、いまだかつて変転というようなわずらわしいことがいっさい存在しませんでしたから、その歓楽もまた永続不変だと言えます。たとえどんな苦境に陥っても、それに対して精神の安定を完全に保つことができます。いわゆる抜苦与楽の真相が、ここにおいて明白になったと思います。

註

＊1　清沢満之の主著『宗教哲学骸骨』が出版されたのは、一八九二（明治二十五）年であるが、その翌年にそれは、アメリカのシカゴで開かれた「万国宗教大会」――「コロンビア世界大博覧会」に付随して開催されたもの――で紹介するために、野口善四郎によって英訳された。

＊2　原稿では、英訳『宗教哲学骸骨』で挙げられている定義は実際には記されておらず、空欄になっている。以下の定義は、英訳から訳者が日本語に翻訳したものである。

＊3　儒教に由来する言葉で、もともとは天命に身を任せ、心が動かされないことを意味

した。仏教では、信心や修行によって得られる心の安らいだ境地を指す言葉として用いられている。

＊4　干将は中国の春秋時代、呉の国の刀工。莫邪はその妻。苦心の末作り上げた二振りの名刀に干将は、自分と妻の名をつけた。ここではこの夫妻の名前をつけられた二振りの剣の意。

＊5　「涅槃」とは、ニルヴァーナ、すなわち煩悩の火を滅し尽くしたさとりのこと。「涅槃寂静」とは、その境地が静かで安らかなことを言ったもの。

二　無限

安心立命が、無限の境遇に対して精神を適合させるということであることが、ほぼ明らかになったと思います。次には、その無限の境遇というのがどういうものであるのかを尋ねざるをえません。それは空間上無限なものなのでしょうか。あるいは時間上無限なものなのでしょうか。それとも性質上（つまり徳性の上で）無限なものなのでしょうか。無限の属性において無限なものと言うことができるでしょう（スピノザ氏の神[＊1]に似ていると言えましょう）。時間であれ、空間であれ、徳性であれ、およそわれわれの精神作用の境遇となるべきいっさいの点において無限であるもの、これを簡単に、「無限の境遇」（あるいは単に「無限」）と言っているわけです。哲学で通常用いられている最大の範疇によってそれを言い表せば、主観的に無限であり、かつ客観的にも無限であるものと言えます。さらにそれを宗教的に名づけるならば、自利的に無限であり、かつ利他的に無限であるもの、ということになります。これを簡単に、知恵においても無限であり、また慈悲においても無限であるものと言っているわけです。それが、それ以外のもろもろの徳性を包括するということを示そうとするのであれば、「尊体」（尊い存在）と言うべきでしょう。それ故に、宗教上、精神の対象となるものを、「悲智円満の尊体」[*2]と呼ぶわけです。阿弥陀仏というのは、それに対するサンスクリット語の表現です（阿弥陀仏とは無量寿光覚者という意味です。無量寿というのは慈悲が完全に具わっているということを言い表す言葉ですし、無量光というのは知恵が完全に具わっていることを言い表す言葉です。また仏とはもっとも尊いものの称号です）。

　宗教上、精神の対象となるべきものは、あらゆる徳を完全に具えた無限の尊体であることが、以上でほぼ明らかになったと思います。さて、このような尊体が果たして現実に存在するのかどうか、あるいは単なる観念上の理想にすぎないのかどうかと言いますと、それは、もちろん現実に存在するものでなくてはなりません。それを証明する理論というのは、かの有名なデカルトが立てた三つの証明、とくに存在論的証明[*3]です。それに対しては今日まで、完全な論駁というのは一つもありません。したがってそれによって、いまの問いに対する十分な答えとすることができます（それについてはここでは省略します）。ただ次の節（「三　有限・無限」）で簡単な説明を行って、その補充としたいと思います（有限があれば、必ず無限がなければなりません云々）。（『宗教哲学骸骨』第二章「有限・無限」を参照してください）。

註

＊1　スピノザ『エチカ』第一部定義六で次のように言われている。「神とは絶対に無限な存在者である。すなわち、それぞれが永遠で無限な本質を表現する無限な属性からなる実体である」。

＊2　慈悲と知恵とを完全に具えた尊体。

＊3　デカルトの『方法序説』第四部、『省察』第三および第五を参照。

三　有限・無限

有限があれば、必ず無限がなければなりませんし、無限があれば、有限がなければなりません。これはちょうど、相対があれば絶対がなければならず、絶対があれば相対がなければならないということ、また区別があれば平等がなければならず、平等があれば区別がなければならないということと同じことです。そのほか、依存と自立、部分と全体などについて見ても、それと同様です。それらはともに、甲があれば非甲がなければならず、非甲があれば甲がなければならないという論理によって成り立っていると言うことができます。このように有限と無限との存在は、甲・非甲の論理によっていると言うことができますが、しかし、通常の甲と非甲との関係にしたがっているものと同じではないことを知る必要があります。というのも、通常の甲と非甲との関係にしたがうものの場合は、甲と非甲とが一緒になって一つの全体をなし、甲はその一つの部分を構成し、非甲は他の部分を構成しています。しかし、有限と無限とは、これとは異なります。すなわち、無限はそれだけで全体をなしているのです。そして有限はそれの一部分をなしているにすぎません。しかし別の言い方をしますと、通常の甲と非甲とは、二つが同等の資格を有するわけです。しかし、有限と無限との場合には、無限は、有限とは資格を異にしています。すなわち、無限は有限の上位にあるのです。

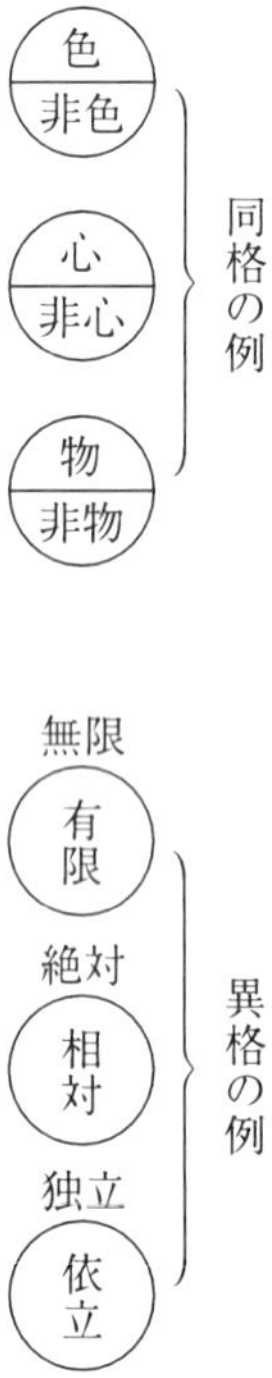

この図について解説をしますと、色〔物質的存在〕と非色、あるいは心と非心のような場合には、二つのものが一緒になって万有の全体をなし、色あるいは心は、その一部分を構成し、非色あるいは非心は他の部分を構成します。いまこれを有限と無限とに対応させて言いますと、色も有限であり、非色も有限である、そして心も有限であり、非心も有限であるである、しかし色と非色が合したものは無限であり、心と非心が合したものは無限であるということになります。

四　根本の矛盾

無限が存在することの証明は、前節でほぼ明らかです。また、有限と無限との関係が、通常の甲と非甲との関係と異なることも、ほぼ明白になりました。さらに有限と無限との関係を明瞭にするためには、有限と無限とがその体《たい》〔本体〕において同一であること、そして、有限が無数であることを指摘しなければなりません。

そもそも無限というのは、その外に、一つの物の存在も許さないものです。というのも、もし一つの物が存在するとして、それが無限とは異なったものであるためには、それは無限から区別されなければなりません。そしてこのように、一つの物と無限とのあいだに区別があるということは、無限に限界があるということです。つまり、無限が有限であるということです。これは無限の意義に背くことです。無限の意義に忠実であろうとすれば、有限は無限の外にはないとしなければなりません。もし無限の外にはないとすれば、有限の体は、無限と同一であるとせざるをえません。

しかし、一個の有限は、無限と同一であることはできません。千万の有限も無限と同一であることはできません。無数の有限があって、はじめて無限と同一であるとすることができます。それ故、無限そのものが存在する以上、有限は無数存在するとせざるをえません。

このように無限と有限とは同一体であり、無数の有限が現実に存在するとしますと、ここにさらに考究すべき多くの問題が生じてまいります。まず最初に生じてくるのは、根本的矛盾の問題です。根本の矛盾というのは何のことでしょうか。多と一との矛盾、可分・不可分の矛盾等々のことです。まず多と一との矛盾というのは、一は多ではなく、多は一ではないと同時に、一は多でなければならず、多は一でなければならないということです。すなわち、有限は多数であり、無限は唯一であります。しかも有限と無限とは同一であると言われるのです。これは一即多、多即一ということではないでしょうか。

次に、可分・不可分の矛盾というのは、可分は一方では不可分ではなく、不可分は可分ではないのですが、他方、可分は不可分でなければならず、不可分は可分でなければならないという矛盾です。なぜそうなのかと言えば、有限は可分であり、無限は不可分であるからです。これもまた、前と同様の矛盾です。ただこれらだけにとどまりません。有限と無限とが同一体であるというのが、そもそも根本の矛盾なのです。絶対と相対、自立と依存についてもまた同じことが言えます。

要するに、有限と無限との対立においては、根本の矛盾が存在することを明瞭に知らなければなりません（カントが悟性の二律背反と言うのも、[*1]ヘーゲルが存在は非存在であると言うのも、[*2]皆この根本的矛盾のことにほかなりません）。

註

＊1　「二律背反」、つまりアンチノミー（Antinomie）とは、同等の根拠に基づいて成立する相反する二つの命題のこと。カント『純粋理性批判』「超越論的弁証論」第二編第二章を参照。

＊2　ヘーゲル『論理学』第一巻第一編第一章を参照。

五　有限の外に無限がある

先ほど、有限は無限の外にあることはできず、有限と無限とはその体において同一であると主張しました。しかし、そこに根本的矛盾があるために、有限の外に無限があるという新しい主張が生じてくるのを見ることになります。つまり、有限と無限とは、その体において別であるという矛盾した説が成立するわけです。その論理というのは次の通りです。先ほどは無限を基準として立論しました。そして無限は限界を許さないものですから、その外に有限があって無限から区別されるということはありえないことでした。しかし、いま視点を転じて、有限を基準とすればどうでしょうか。有限の体というのは限界や区別があるものですから、限界や区別の存在しない無限と同体であることはできません。したがって、もし無限というものが存在するとすれば、その体は有限の外に存在するとせざるをえません。この結論は先ほどの同体論に矛盾するものですが、しかし、その一方のみを重んじて、他方を軽んじたり、あるいは一方を棄ててしまったりするべきではありません。それは、根本の矛盾に伴って生まれてくる従属的な矛盾なのです。有限と無限とは、その観念において矛盾を含んでいるわけですから、先ほど無限を基準として主張したことは、一種の断定的な結論ということになりますし、いま有限を基準にして主張したことも、もう一つ別の断定的な結論ということになります。つまり、無限と有限とは、その体が同一であると同時に、有限の外に無限が存在するということを知らなければなりません。

『維摩註』（二二）に、「肇曰く、彼岸とは涅槃の岸なり。彼の涅槃に豈に崖岸これ有らんや。我、彼に異なるを以ての故に、我を借りて之を謂うのみと」[*1]と言われています。有限の外に無限があると言う意味も、これによって推測することができます。

註

＊1　「肇は次のように言う。彼岸とは涅槃の岸である。しかし彼の涅槃にどうして崖や岸があろうか。我は彼とは異なるが故に、我を借りて言い表しただけである」。『注維摩詰経』（後秦釈僧肇選）巻第一参照。

六　自力と他力の二門

前節で論じましたように、有限と無限との二者について、その体が同一であるという説と、異なっているという説、この二つの相反する説があるわけですが、そのために宗教において、自力門と他力門の二者が生じるに至ったのです。この点と関わって、哲学と宗教との違いを知る必要があると思います。哲学はこのような相反する説の両立を許さないものです。したがって、二つの説を検討・研究して、最後に調和を見いだそうとしますが、しかしその論弁は停止することがありません。それに対して宗教はこの二者のうちの一方を採ったり、他方を採ったりして、それを信仰します。そうすることではじめて、実践の基礎を獲得するわけです。

その場合、有限と無限との体が一であると信じる人は、現に存在する有限なわれわれにもその内部に無限な性質ないし能力があると考えるわけですから、自分の力を奮い起こして、その潜在的な無限の能力を開発・展開しようとします。これが自力門の宗教です。

それに対して、有限の外に無限があると信じる人は、外にある無限のなかに無限で霊妙な働きを認めるわけですから、この霊妙な働きに身を投じ、その光明に照らされようとします。これが他力門の宗教です。この二門の性質は簡単には説明できませんが、その基礎にある考えからそれらが生起してきたその源流は、ほぼこのようなものです。

七（有限は無我である）

宗教のなかで最高のものであると言われる仏教の原理のなかに、諸法無我という真理があります。これは、有限の成り立ちに関する根本的な誤解を取り除くために言われるのですが、場合によっては、普通の人々の耳目を驚かすというところがあるかもしれません。いまこの至高の真理について、簡単に論じたいと思います。

そもそも有限は、その存在に限界をもつわけですから、変化するものです。それに対して無限は、その存在に限界がありませんから、不変なものです（もし有限が不変かつ常住であるとしますと、それは、有限の存在に限界がないということにほかなりません。それはどうして矛盾した言説でないと言えるでしょうか。また、もし無限が無常で、変化するものであるとしますと、これは、無限の存在に限界があるということにほかなりません。これもまた、どうして矛盾した言説でないと言えるでしょうか。それ故、無限は常住で不変であり、有限は無常で、変化するものであると言わざるをえないのです）。

通常、我《が》と言われるものは、常住不変の一体を指しています。このようなものは有限のなかに存在することはできません。さて、仏教で言われる諸法とは、すべての有限を意味しています。これら有限のなかには常住不変のものは存在しませんから、諸法無我と言わざるをえないのです。

もしそうであるとしますと、かのいわゆる造業感果[*1]（善悪業感[*2]）ということは、どのように説明することができるでしょうか。もし因縁と果報とのあいだに、継続して存在するものがないとすれば、つまり原因を作り、その結果を受け取るものがないとすれば、かのいわゆる業報、すなわち業因と果報とは、いったい誰が作り、誰が受け取るのでしょうか。もし業因を作りだし、果報を受け取るというつながりが確立していないとすれば、修行という原因を作りだし、さとりという結果を得るという仏道は、どうして破滅してしまわないのでしょうか。これは、まさに考究すべき問題です。そのために因縁所生[*3]という道理を簡単に解説しましょう。

註

＊1　この世の出来事の原因となる業を作りだし、その果報を感じ、受け取ること。

＊2　善業・悪業に応じて苦楽の果報を感じ、受け取ること。

＊3　因と縁とが結びあって、すべての出来事が生じていること。

八　因縁所生

二月七日

因縁所生は、有限界の最大の原理です。われわれの理解を超えたこの深遠な原理は、簡単には説明できませんが、その主要な点を概説すれば次の通りです。すなわち、有限界内の事象はすべて変化するものであり、無常です。常住のものは一つもありません（無我）。そしてその変化は、因と縁という二つの要素があって、果報が生じると言えます。これを図示すると左図の通りです。

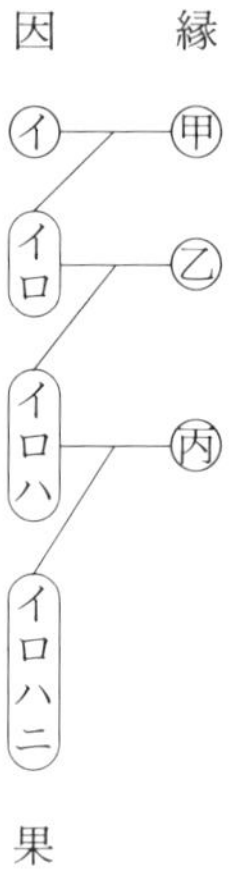

つまり、㋑という因があり、(甲)という縁があって、そこに(イロ)という果が生じます。また(イロ)という因があり、(乙)という縁があって、そこに(イロハ)という果が生じます。さらに(イロハ)という因があり、(丙)という縁があって、そこに(イロハニ)という果が生じます。

このように因と縁とが次々に結びつくことによって、そこに因縁に応じた結果が生じ、永遠に変化が継続していくわけです。

　ここでもっとも注意すべきであるのは、縁という要素です。これこそ因を果に転ずる主動者です。もし縁に不適切なものがあれば、それがすぐ果報に影響を及ぼすことになります。あるいは、因の力を完全に破壊してしまうような結果を生みだしてしまいます。縁というのは、きわめて重要な要素なのです。

　次いで大いに注意する必要があるのは、因果の成り立つ仕組みです。いま因が㋑であるとすると、その果は(イロ)となります。因が(イロ)であるとすると、その果は(イロハ)となります。この点から言いますと、因というのは、果のなかにまったく包摂されているように見えます。もちろんそうです。しかし、それがこのように包摂されるということは、以前、因としてあったものが、そのままあるということではありません。他の要素と結合して存在するのです。喩えて言えば、一枚の写真を他のもののなかに置いて、もう一度撮影したようなものです。前の写真はもちろんそのなかに存在するのですが、しかし、前の写真がその体を失って、後の写真に入ったというわけではありません。前の写真は別に存在していて、そして後の写真が新たに生まれたのです。言い換えれば、後の写真は前の写真を感伝した〔受け継いだ〕わけです。一瞬一瞬変化する無常の世界のなかで、前後が一貫し、そこに脈絡があるのは、この前のものを感伝する〔受け継ぐ〕という作用があるからだと思います。われわれの意識に統一作用があるのも、このことにほかなりません。自覚の統一が前後の心の状態を貫通し、統括するのも、このことによるのです。

九　自覚の統一

二月八日

前節で因縁所生について論じ、そして自覚の統一ということに説き及びました。これは、はなはだ重要な事項であり、そこにはたいへん重大な問題がひそんでいます。この自覚の統一というのは、いわゆる心霊〔こころ〕の特徴であり、それによって一体の心霊が、三世、つまり過去・現在・未来にわたって一直線に貫通し、因とそれに応じた果とを感じ取るというすぐれた働きを行う根拠なのです。もしこの自覚の統一に欠けるところがあるとすれば、無数の働きと無数の変化の因果的な統一はすべてその根拠を失い、何の脈絡もなく物事が起こったり、消滅するだけで、そのつながりを捉えることはできなくなってしまいます。

夢のなかの現象の変化などは、まさにこれです。夢のなかの現象の変化は、覚醒時の現象の変化と同じく、そこに現れてくるものは、明瞭で、細かいところまではっきりとしており、どちらの方が真実で、どちらの方が虚妄であるというように、その違いを発見することは困難です。しかし、いったん、前後の現象に統一があるかどうかを考えますと、夢と覚醒時とのあいだには、雲泥の差以上のはなはだしい違いがあるのを見てとることができます。これはほかなりません、覚醒時の場合には、自覚の統一という作用が整然として前後を貫いており、そのために現象の変化は、秩序のある因果的なつながりをもっています。それに対して夢のなかでは、この自覚の統一という作用が欠けているために、前後の現象の変化が突然現れたり、突然消滅したりします。さまざまなものが入り交じって混乱していて、その順序・段階を追うことができません。夢と覚醒時とのあいだには、このような違いがあります。しかし夢のなかの現象は、まったく一致を欠いているわけではありません。入り交じった混乱のなかにも、なお多少の秩序というものを見いだすことができます。それは、夢のなかの現象が、覚醒時の現象の反映であるからにほかなりません。もしそれが完全に混雑した現象であり、自覚の統一をまったく欠いているとすれば、その乱れ、混雑した状態は、何倍にもはなはだしいものになっているでしょう。いまそれを喩えで説明する方法がありません（荒天の際の雲の変化で、その一端を示すことができるかもしれません）。要するに、自覚の統一は、心霊の根本の作用であり、われわれが因果秩序を認知する源泉となるものです。この両者の関係はきわめて重要であることを知ってください（『宗教哲学骸骨』参照）。

自覚の統一というものが重要であるのは、まったくこの通りです。この作用がどうして有限なもののなかに存在することができるのか、このこともまた詳しく考究せざるをえません。そもそも有限は無常なものであり、その体は変転を決して免れることができません。長い間、前後を一貫して、三世、つまり過去・現在・未来にわたる因果のつながりを包摂するようなものはそこにはありません（三世には一期の三世[*1]と、刹那の三世[*2]とがありますが、この点については別に考究しなければなりません）。どのようにして自覚の統一ということが存在しうるのでしょうか。この統一作用は永久のものではなく、ただ若干の時間のあいだ統一をするだけにすぎないのではないでしょうか。われわれの生命は、始まりというものがまだない遠い昔から、今日、この時にまで連綿と続いているものではないのではないでしょうか。今日、この時から、善果の原因となるものを修め、それを集積して、終わりのない未来に至るまで、その効果を受け取るということはできないのではないでしょうか。

もしそうであるとすると、われわれの世界観の上で大いに考えなければならないものが、一挙にたくさん沸き出てきます。われわれの生命は、いつをその期限とするものなのでしょうか。われわれの自覚の統一作用は、いつ始まって、いつ終わるものなのでしょうか。

それが起こるのはなぜなのでしょうか。それが消滅するのはなぜなのでしょうか。これらの根本問題からたくさんの実践的な問題が波及して生じてきますが、その数を簡単に把握し尽くすことはできないように思います。そこから、われわれの生というものは、茫々漠々とした、真理と虚妄とが区別できず、正しいこととよこしまなことが混沌としている迷いの海に漂うものであるという結論が生じてくるのではないでしょうか。このような結論を、どうして至高の真理が許すでしょうか。もしこの迷いや煩悶を一掃し、天空全体がぱっと開けた心地よい園に遊ぼうとするのであれば、有限という洞窟の奥深くに潜んだ自覚の統一という難問を吟味し、明らかにするほかはありません。試みにこの問題を掘り下げて考えてみましょう。

　有限が変転する状態というのは、先ほどの因縁所生の図によって明らかです。因果のつながりが転じていくあいだは、永久不滅の本体・本質というようなものは一つも存在することができません。しかし前の状態のなかにあった現象は後の状態に伝わっていくわけですが、それはまったく、前のものを感伝する〔受け継いでいく〕作用によるものです。この感伝作用は、洞窟の奥深くに潜伏する自覚の統一へとたどっていく導火線であると考えられます。どのようにそこへと至ることができるでしょうか。まず何より、感伝作用が生じてくる根源について問わなければなりません。もし有限というものが、個々別々の本体・本質をもつものであれば、決してこの感伝作用というものは存在することができません。先のものの動静を感じ取り、それを伝えるものがないからです。しかし実際にはすでに感伝の事実があります。これをどう解釈すべきでしょうか。その本源に立ち返って、そもそも有限の真実の体、本当の相は、純粋の有限・個別ではなく、その本体・本性はまったく無限であることをよくよく洞察しなければならないと思います。本体・本性が無限であるとすれば、作用の上にそれが反映して現れ出ることは当然のことです。すなわち、あれやこれ、あるいは我や他といった有限は、一見したところでは個々別々のもののようですが、しかしその内実においては、同一体でかつ無限であり、かの作用がこの作用と相応じあい、我の動静が他の動静と相感じあうということは、どうしてあやしむべきところがあるでしょうか。かの自覚の統一ということこそ、この同一の本源にもっとも相応しい作用であると言えます。個々別々の動作の方が、かえって、同一無限である本体・本性に反します。両手の五指が連携して整った働きをするのは、ほかなりません、唯一心の指令に基づくからです。あの手とこの手、あの指とこの指のあいだには、感伝の作用、互いの動きに応じあうという作用があると言わざるをえません。

註

＊1　前世・現世・来世のこと。

＊2　前の一瞬と、いまの一瞬、次の一瞬のこと。

一〇　開発（活動）

二月九日

前節において自覚の統一について説明するにあたって、有限は純然たる有限ではなく、実際には、無限とまったく同一体であることを述べました。これは、さらに新しい事柄を展開する端緒になります。もし有限がまったく無限と同一体であるとすれば、無限もまた有限とまったく同一体であらざるをえません（これは先ほどすでに一言したところです）。したがって、有限と無限とは、ともにそれぞれ表裏の二面を有することになります。もっとも、この表裏というのは、一つの比喩的表現にすぎません。もしその実際のありようを見て取ろうとするならば、きわめて了解しがたいのを見ることになるでしょう。

ここにおいて、熟知しなければならない一つの最重要の事項があります。それは何でしょうか。万有の開発（活動）ということがそれです。そもそも宇宙内の万有は皆それぞれ開発・活動するものであって、一つも静止したり、休止したりするものはないということが世間で一種の命題のように言われます。実際これは、万有の変化が普遍的であることを看破した言葉で、非常に重要な説です。しかしこの活動・変化というのは、そもそも何なのでしょうか。いまそのおおもとのところを論じれば、それは、有限と無限との一体表裏である関係を明示するものにほかならないと思います。有限と無限とが一体表裏のものであるとして、もし開発・活動という事実がそれを表すことがないとすれば、この一体表裏であるという関係は容易に了解されないでしょう。また、もし有限と無限の一体表裏の関係が存在しないとすれば、万有の開発という事実は、その論拠をもたなくなります。この二つのものは、両者相まって、宇宙内の実相をわれわれに知らせるものであると思います。いまその概略を述べましょう。

われわれは有限が有限であることを知ることができますが、それが無限であることを知ることはできません。逆に、われわれは無限が無限であることを考えることができますが、それが有限であることを考えることはできません（表裏と言っても、それは比喩的表現にすぎないと言うのは、その理由からです）。ただ論理の必然性に基づいて、有限と無限とが同体表裏をなすということが、根本的矛盾であるということを認めるに至るだけです。しかしここに一つの実際上の事実があります。それは、鶏が卵を産み、卵から鶏が生じるということを示しています。卵が卵であることを知るだけであった者も、それが鶏を生じうることを知ることができます。また鶏が鶏であることを考えるだけであった者も、それが卵を産みうることを考えることができます。これはもちろん有限界のなかのことにすぎませんが、すでに、一つの固定した観念を打破して、形や本体が開発・発展することを認めさせるに十分です。

この観点から万有を詳しく検討しますと、宇宙内の万象については一つとして変転・変動しないものがないことを了解することになりますし、またそこからさらに進んで、変転のおおもと、変動の源を追究せざるをえなくなります。そしてもし変転のおおもと、変動の源を探究するとすれば、有限の変転・変動は、無限の展開・転化という観念へと進ませることになります。そして無限の展開・転化ということは、有限が無限に進むということと、無限が有限に化するということ、この二者のことにほかなりません。有限が果たして無限に進みうるのかと問われるならば、その体《たい》は純粋の有限ではなく、同時に無限でもあると言わざるをえません（卵が潜在的には鶏であるようなものです）。無限が果たして有限に化することができるのかと問われるならば、その体は純粋の無限ではなく、同時に有限でもあると言わざるをえません（鶏が卵を抱くようなものです）。

このように単なる理論上の事項が実際上の証拠となる事象を得たことにより、その説はきわめて明確なものになりました。また実際上の現象・変化の方は、理論的説明と一緒になることにより、その成り立ちがいっそう詳しく明瞭になりました。もし、いま論じた通りであるとするならば、われわれは有限と無限とについて、それが開発・転化するものであることを宣言せざるをえません。有限はただただ有限であるのではなく、その体において変化・活動するものであり、その開発・転化の極に無限にまで進みゆくと言わざるをえません。また無限はただただ無限であるのではなく、その体において発展・変化するものであり、それが動きだせば、有限な万象となって現れ出ると言わざるをえません（そのことを仏教では流転門[*1]・還滅門[*2]と言っています）。その論拠を詳しく申しましょう（以下、補足的な論を付け加えます）。

註

＊1　流転とは、迷いの世界、つまり三界六道を輪廻すること。流転門とは、それに属するもの。四諦で言えば、苦諦と集諦《じったい》がそれである。

＊2　還滅とは、輪廻の世界から脱すること。還滅門とは、それに属するもの。四諦で言えば、滅諦と道諦がそれである。

一一　補足

二月十日

前節で有限と無限とは同一体であり、有限を表にしているものは、裏に無限性を具え、無限を表にしているものは、裏に有限性を具えており、結局、有限と無限とは一体表裏のものであると言いました。しかしこの説は、まだ十分に説き尽くしたものであるということができません。というのも、それはまだ静的な説明にとどまっていて、動的な説明にまで達していないからです。それはどういうことでしょうか。いまの説明では、有限を表にし、無限を裏とする一つの静的な本体があり、また無限を表とし、有限を裏とする一つの静的な本体があり、結局、二つの静的な本体が別々にあるかのように見えるのです。いまこれを図で示せば、左のようになります。

もちろんこれは正しい理解ではありません。しかし先のような説明でとどまれば、このように了解されるかもしれません。その通りであるとしますと、同一体という言葉は、不適切であると言わざるをえません。というのも、図の通りであるとしますと、有限と無限

とは、二つのまったく別の本体であると言いうるからです。これを強いて同一体であると断言するのは、不当であると言わざるをえないでしょう。しかし、かの同一体という表現は、このような意味ではありません。本当に二者が同一体であると言うものです。均等である二者のどちらかに不足を認めないものです。したがって、いまそれを図解すれば、左のようにならざるをえません。

これは、先ほどの図解と大差がないように見えますが、決してそうではありません。この図解通りであるとしますと、上のものと下のものとは、まったく同一物であって、二物ではないことを見てください。つまり、上のものをそのまま一転すれば、下のものとなり、下のものをそのまま一転すれば、上のものとなります。すなわち、一つの物体を取り、それを図のなかに置いて、上のものとしたとしましょう。そうすると、別の物体を求めなくても、これを一転して図のなかに置けば、下のものを得ることができます。これは左記の図では決して求められないものです。「有限無限」を一転すれば、「無限有限」を得るだけです。「無限有限」を得ることはできません。「無限有限」を転じるのもまた同じことです。「有限無限」を得るだけで、「有限無限」を得ることはできま

せん。

このことを言い換えれば、前の図はまだ転化ということを必要としないものです（転じても益がないのです）。しかし後の図は、転化ということを重大事項とするものです（転じる場合と、転じない場合とによって、有限と無限との関係に大差が生じるからです）。すなわち、有限は無限と同一体です。いまや有限を表とし無限を裏とするとすれば、必ずそれは一転して、無限を表とし有限を裏とするのでなければなりません。あるいは、もしいま無限を表とし有限を裏とするとすれば、それは一転して、有限を表とし無限を裏とするのでなければなりません。もしその通りで、有限と無限とが真に同一体であるとすれば、転化はその必然的な発動であると言わざるをえないことを知ってください。

これこそまさに、有限と無限とが同一体であることの動的説明をなすものです。つまり、先の静的説明を補足し、その真意を明らかにするものです。われわれの活動や言動はもちろんですが、宇宙内の現象の変化も、すべて皆、いま言った転化の一部分にすぎないことを思いますと、転化が重大であることはとても言葉では言い表しがたいのですが、ぜひそのことを推察してください。以下においてこの点についてもう少し考究することにしましょう。

（次節では心霊の開発の問題に先立って、心霊そのものについて論じることにします）。

一二　心霊

二月十五日

心霊〔こころ〕とはわれわれ一人ひとりの自己のことです。言葉で説明するより、それぞれが実際に内部観察をする方が適切です。ここではただ、内部観察をするためのいとぐちになるものを提示するだけです。

そもそもわれわれは、これとあれ、我と他という関係のなかに繋がれており、つねに外物に相対していると言えます。ここで二通りの関係が考えられます。一つは、あれからこれへとなされる動作、あるいは他から我へとなされる動作です。もう一つは、これからあれへとなされる動作、あるいは我から他へとなされる動作です。

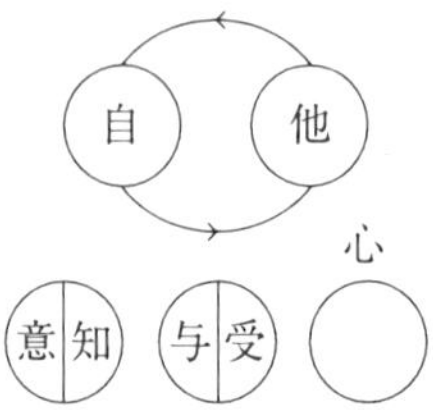

第一の方を感受、あるいは感覚と呼び、第二の方を発動、あるいは行動と呼んでいます。ここから、心霊に二つの側面を認めることができます。一つは受動的な側面であり、もう一つは与動的な側面です。能動的・所動的と言ってもかまいません。心理学者は知的・意的と言うかもしれません。この知と意という二つの働きを通じて、心霊に著しい特性があります。情がそれです。その根本を言い表せ

ば、苦と楽の二者です。この苦と楽は知と意という作用に伴って生じるもので、その外見的な説明は、知と意という二つの作用が生じる状態に即してなされるほかはありません。つまり、この二つの作用が生じるとき、外物に対する関係において、外物との適合が生じる場合には、快楽の情を感じますし、それに反して、外物との適合が生じない場合には、苦痛の情を感じます（外部刺激に対する心的エネルギーの分量によって苦楽を判定しようとするのは、いまだ不十分です。心的エネルギーは、外部刺激の分量によってだけでなく、その性質によっても、快という性格を帯びたり、苦という性格を帯びたりするからです。また単に外部刺激と言うのもよくありません。知だけでなく、意にもまた快苦が伴うからです。しかしいまは仮に、内外の二者の対立、あるいは関係における適合・不適合だけを問題にしました）。

二月十六日

一三　知情意

前節において、心霊の特殊な能力というのは、知・情・意という三つの働きであると言いました。いま仮に、近代の解剖学の成果を手がかりに、この三つの働きについて、相互に対比しながらその理解を試みてみましょう。神経に求心性と遠心性との区別があることは、脊髄の前根と後根との研究から明白です。そして神経には繊維と細胞との二者があります。いずれも単純なものと、複雑なものがあり、簡単には究明しがたいのですが、要するに、上の図のように表すことができます。

(ロ)単複遠心繊
(イ)単複細胞
(ハ)単複求心繊

細胞は繊維の走っているところ、どこにでも存在しますし、細胞が集まって中心的なかたまりをなしているところでも、繊維はその間を満たし、細胞同士の連絡をつける働きをしています。要するに、繊維は内向的（求心的）に、あるいは外向的（遠心的）に伝達の働きをなし、細胞は、本末どちらの側にあろうとも、中心的な機能を担っていると考えられます。このことから、神経組織に三つの基本的な働きがあることが分かります。

(1)求心作用（感覚作用）
(2)遠心作用（意志作用）
(3)中心作用（感情作用）

三者ともに、単純であるか、複雑であるか、その度合いによって千差万別ですが、要するに、第一類は知力の作用であり、第二類は意志の作用であり、第三類は情緒の作用です。

一四　三つの働きの諸段階

知・情・意の三つの働きについては、それが単純であるか、複雑であるかの度合いによってさまざまな段階が区別されます。そしてその段階は無数ですが、いま、通常知力の四つの段階と言われるものに即して図示しますと、左のようになります。

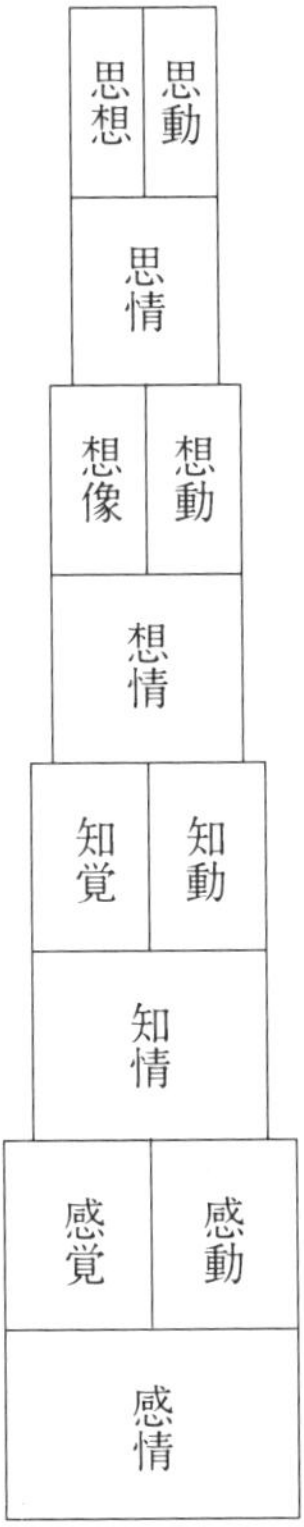

普通は情・意については、それをいくつかの段階に分けて詳しく論じるということをしませんが、いま理論上の関係を明らかにするために、すべて区別し、四つの段階にそれぞれ配分しました。また知と意との区別と、知・意と情との区別とは異なったものですから、違った仕方で図の中に表しました。もちろん心の本体は一つですし、心の働きも一つなのですが、そのなかに自ずから三つの働きが区別されます。たとえばここに一つの心

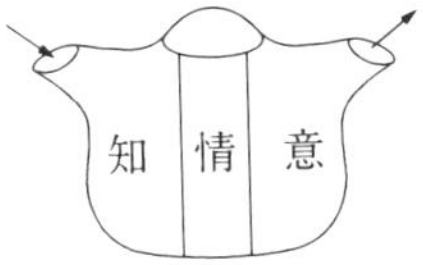

の働きがあって、その知的な方面が感覚であるとすれば、情の方面は感情であり、意の方面は感動です。他の場合も、これから類推してください。

二月十八日

一五　心霊の開発

心霊はすべて前節の図によって表した諸段階を具えているのか、あるいはその諸段階において種々の違いがあるのか、ということを問題にするとしますと、心理学の研究するところによれば、後者であることは疑うことができないように思います。もしそうであるとすると、どうしてそのような違いがあるのか、ということが問われますが、ほかでもありません、その開発の度合いに種々の差があるからです。

そもそも心霊の開発というのは、簡単に言えば、かの知・情・意の作用が、前節の図の諸段階において、下の方から上の方へ次第に進んでいくということにほかなりません。少しその違いを説明しますと、下の方の作用では、能動作用と受動作用がそれぞれ別々に働き、作用間の関係がきわめて薄いだけでなく、場合によっては、それらのあいだに衝突や矛盾が見られます。しかし上の方に進めば、それぞれの作用が互いに連絡しあい、関係しあって、簡単には分離されないだけでなく、先の場合に衝突や矛盾のように見えたものが、実はその性質においてまったく同じであり、要するに、一つの同じ木の異なった枝であることを明らかにするに至ります（一例を挙げますと、煙が上に昇るのと、雨が落ちるのとでは、別々の作用で、その性質もまったく反対であるように見えます。これも一つの認識です。しかし学問の導きによってその根本を考究しますと、意外にも、ともに物質間の牽引作用と反撥作用の現象にほかならないことが明らかになります。ただ比重が異なるために、一方は上に上がり、他方は下に落ちるという現れ方が生じるにすぎません）。

このように心霊の開発・発展は、個々別々の物体や現象を統制して、それらを同一の根源へと帰入させます。そしてその根源から、さらにその根源へと遡及し、最後には、最上で究極の根源へと到達させます。これがいわゆる大覚、大いなるさとりであります。

この開発・発展のそれぞれの段階においては、ただ次々と高遠な根源へと至るだけでなく、逆に、それまでのさまざまな枝葉とも言うべきものの脈絡・連関を明らかにし、それぞれの事象に対して、それまで以上の価値をもたせるということが起こります（そのことを前に挙げた例に基づいて言いますと、煙が昇り、雨が降るということには、それぞれ若干の価値があります。しかし、いまそれらを統括して物質の牽引と反撥という根源に至るとしますと、一つ上の新しい思想によってこの二つの事象が連関づけられます。またそれだけにとどまらず、煙が昇り、雨が降るという現象に、従来になかった新しい価値と重要性が加わることになります。というのも、煙が昇るという一つの現象は、以前にはただそれ自身の価値と重要性とをもつにとどまっていましたが、いまや、牽引と反撥の作用という価値と重要性とをそれ自身のうちにもつことになります。それだけではありません。それまでまったく逆の、つまり正反対の現象と考えられていた雨が降るという現象までも、同じ類に属する現象として自分のもとに引き入れ、その価値と重要性とをあわせて自分の価値と重要性に加えるに至るわけです。これは、喩えて言えば、敵の実体を調べに来て、その敵が肉親の兄弟であったことが分かり、それまで障害と思いこんでいた勢力が、いまや自分を庇護する援助勢力に転じたというようなものです。いま言ったことは、雨が降るという現象から見ても、まったく同様です。この例をもとに考えてみますと、次のことがあらかじめ推測されます。つまり、宇宙のすべての勢力が、それまで仇のように見えながら、実はすべて自分に益をもたらす従僕であることをやがて知るに至るであろうことが推測されるわけです（『宗教哲学骸骨』の「主伴互具」の節を参照）。（百毒の長であるお酒も、その真相を究めて利用すれば、百薬の長になるわけですし、貪瞋癡《とんじんち》[1]という煩悩も、それを活用すれば、衆生を救う利器となるわけです。『円覚経』では「淫怒癡是菩提」[2]と言われていますし、『維摩経』では「若し博奕戯処《ばくえきぎしょ》に至れば、輒《すなわ》ち以て人を度す」[3]と言われ、また「諸もろの婬舎に入りて、欲の過ちを示す」[4]、あるいは「諸もろの酒肆に入りて、能く其の志を立つ」[*5]と言われています。これらはすべて、もし解脱をすれば、百や千の煩悩・悪業も、少しも恐るべきものではないこと、それをうまく転換すれば、道を修める手段となりうることを説明してあまりあるものです。もし大いなるさとりへと至り、万有を支配できるようになれば、あるいは、活殺自在の大きな器量をもち、八万四千の煩悩を縦横無尽に活用できるようになれば、どうして苦悩といったようなものが存在するでしょうか)。

無明[*6]が実体をもたないものであることが、こういったことからもほぼ推測することができます。

註

＊1　むさぼりといかりと愚かさ。仏教で言う三毒のこと。

＊2　「みだらであることや、いかり、愚かさ、それがまさにさとりである」。『大方広円覚修多羅了義経』。

＊3　「もし博奕打ちが遊技場に来れば、それがすなわち、人を救うことになる」。『維摩経』「方便品」。

＊4　「売春宿に行くことによって、淫欲の過ちを示す」。『維摩経』「方便品」。

＊5　「酒屋に入ることで、よくその志を立てることができる」。『維摩経』「方便品」。
＊6　人間存在の根底にある根本的な無知。

一六　万有心霊

宇宙内の万有は、相互に関係し、連絡しあって存在するものです（関係・連絡をもたないものについては、われわれはその存在を知ることができません。もし仮にそういうものがあるとしても、それは、われわれの知識の外にあるもの、つまり、われわれが認識する万有以外のものですから、議論の範囲を超えたものです。われわれが言う万有は、すべて相互に関係・連絡しあったものでなければなりません）。

もしそうであるとすると、万有はすべて、それぞれに能動の働きと受動の働きとを具えていると言うことができます。そしてこの能動の働きと受動の働きとが、知的と意志的という二つの作用であるとしますと、第三の情的な作用も万有のそれぞれのうちに存在せざるをえません。というのも、能動と受動の働きにはすべて適合と不適合の場合があるはずだからです。もし万有のそれぞれに知的、意志的、情的という三つの作用があるとしますと、万有はすべて心霊であると言わざるをえなくなります。もちろんそこには無数の差異がありますが、それはほかなりません、万有のそれぞれにおいて、進化の程度に差があるからだと言わざるをえません。もしそうであるとすると、瓦や石は熟睡した心霊であり、草木は半睡状態の心霊であり、人間は半ば目覚めた心霊であり、神仏は大いに目覚めた心霊であると言ったとしても、おそらく法外な言ではないでしょう。

知があり、意志があり、情があると言うのではありません。知的な働きがあり、意志的な働きがあり、情的な働きがあると言うだけです。この点をよくよく了解してください。

一七　無限無数

二月十九日

万有がすべて心霊であり、それぞれ開発を遂げるものであるとしますと、その開発の最後には無限に達すると考えられますが、その無限というのは、無数にありうると言わざるをえません。将来においてそれが無数になるはずだというのはもちろんですが、過去においてもすでに多数あることも疑うことができません。これが多神教の根拠となり、基礎となっています。古来、宗教には一神教と多神教があります。それぞれが論じるところには確固とした原理があるはずですが、現在ではややもすると一神教のみを合理的な宗教とし、多神教といったようなものは蒙昧な時代の誤った宗教であるとみなすものがなきにしもあらずです。しかし、これはまったく謂われのないことです。その根拠・基礎を探究すれば、多神教も確かに一種の原理を含んでいます。そのなかでも、この無限無数の原理はもっとも重要なものです。八百万神というのも、十方諸仏というのも、この原理を言い表したものにすぎません。

無数の無限がどうして並存しうるのかという点に関しては、難解な点がないわけではありません。いまそれを簡単に言いますと、そもそも万有の真理の本体というのは無限なものです。そしてそれを認識し、さとりを開いたものも、それぞれ無限です。このことを喩えて言い表しますと、天上の月を映す明鏡は、たとえそれがいくつあろうとも、それぞれが一つずつ月を映しているようなものです。万有の真理それ自体は一つであるとしても、これをさとることのできる人は、無数であり、計算ができないことは、少しも理解しがたいことではありません（他の例については、『宗教哲学骸骨』「第六章　安心修得」のなかの「無限の数」という箇所を参照してください。四千万人がすべて「わが大日本帝国」と言ったとしても、少しもお互いに妨げあうことがないというのも、一つの喩えです）。

一八　無神論・有神論

　昔から無神論と有神論のあいだに論争があります。ともに、宗教原理の半ばを理解しただけにとどまる論説だと言えます。この両者の争いを一掃したいと思いますが、まず無神論の方は、ただ有限のみがあることを知り、無限があることを認めない立場です。その主張にはもちろん一理あります。有限というのはまことに明瞭な存在で、万有は一面から見ればすべて有限であるからです。次に有神論の方ですが、それは無限があることを認めますが、しかし有限に開発がありうるということを知らない立場です。したがって単純な有神論は、神というのは、われわれ人間とはまったく別種なものだとし、われわれが神と同体でありうるということを否定します。しかしもちろん無限が存在するということは、万有の真相ですから、その理論は堅固であり、否定しえないものがあります。

　しかし、この二つの立場は、まだ十分に、有限と無限についての教えの基礎となりうるものではありません。その故に、無神論者も十分な安心を得ていませんし、有神論者も満足しない点を残しているのです。

一九　一神論・多神論

一神論と多神論は、ともにいくらか基礎を有した理論です。先ほど言いましたように、無限が無数ありうる以上、多神論に根拠や基礎があることは当然です。それに対して一神論のすぐれた点がどこにあるかと言いますと、その無数の無限が、結局は唯一の無限であるということに関わります。したがって一神論にも根拠や基礎があることは当然です。具体的にどうかと言いますと、いま述べた無数の無限は、相互に平等であり、互いに等しく、その間に少しも差異が存在しません。仏教の言葉で「仏々平等」というように言われ、また「十方三世の無量慧、同じく一如に乗ず[*1]」と言われるのは、このことです。万の鏡に映っても、実際には月が一つであるのと同じです。

註

＊1　「十方三世にわたる量りがたい知慧が、唯一無二の真如（あらゆる事物の根底にある真理）のうちにある」。

二〇　汎神論と万有が開発・発展するという論

古い学説のうちで、有限と無限との関係という点に関わって、もっともよく万有の実相を説明しているのは汎神論であるように見えます。万有の個々の存在をすべて神である（すなわち無限である）と主張するのは、まさに、無限は無数であるという真理を的確に言い表したものであると言わざるをえません。汎神論が一神論のように見えたり、多神論のように見えたり、あるいは無神論をも彷彿とさせたりするのは、そのことによります。しかし、汎神論にもなお不十分な点がないわけではありません。それはほかなりません、有限と無限との関係に関わって、無限は無数であるという原理を言い表しているとは言え、まだ、それがいかにしてそうであるのかという事情を具体的に指し示していないというところがあるのです。つまり、無数の有限はいま表面上有限であるとしても、開発・発展という事情が働いて、無限に発展・変化するものです。さらにまた、いま表面上無限であるものも、転化という事情が働いて、有限に顕現するものです。汎神論はこの重要な開発・転化という事情を明らかにしていないといううらみがあるのです。静的な表現にとどまっていて、まだ動的な仕方で指摘するところにまで至っていないのです。もしこれらの諸点を十分に表現しようとすれば、（仏教書の言葉のなかに求めざるをえません。たとえば「草木国土悉皆成仏」[*1]とか、「色即是空、空即是色」というように言われますが、草木国土も、色も、ともに有限のことです。仏、あるいは空というのは、無限のことです。一方は、「皆成る」というように述べて、動的な関係、すなわち開発・発展という事態を明らかにしていますし、もう一方では、「即是」ということが繰り返され、しかも色と空との位置が転換されて、開発・発展に二通りのあり方があることが示されています。これらについては、それぞれの宗派の教義において、特別の解釈がありますから、ここではわれわれの説を簡単に）「万有が開発・発展するという論」と呼んで満足しようと思います。（それが説くところを、もしヨーロッパの哲学者の学説のなかに求めようとするならば、ライプニッツの単子論[*2]、あるいはヘーゲルの論理学[*3]がもっとも近いと言えます）。

註

＊1　「草木も国土も皆ことごとく仏となる」。
＊2　『モナドロジー』（La Monadologie）、一七二〇年。
＊3　『論理学』（Wissenschaft der Logik）、一八一二－一八一六年。

二一　自利・利他〔上〕

　そもそも万有の働きに能動と受動という二つがあることは、すでに述べました。これらの働きを実際に観察してみますと、それらは自利と利他という二つの働きになります。すなわち、先に言った受動は自利の働きですし、能動は利他の働きです。これはもちろんおざっぱに述べたもので、すぐに疑問や非難が提出されるかもしれません。能動のなかにも自利の働きがあるように見えますし、受動のなかにも利他の働きがあるように見えるからです。少しこの点について解説を加えたいと思います。

　能動の作用は、必ず他へと至り、そのなかに入っていかざるをえません。そしてそこへと至り、そのなかに入るものは、それを利するところが必ずあるはずです（もし利するところがないとすれば、すぐに排斥されて、そこへと至り、そのなかに入ることができないからです）。したがって能動の作用は、もしそれが能動という性質・能力を成就する限り、つねに利他という働きをせざるをえないのです。

　今度は受動の作用について考えてみたいと思います。もし自己に不利なものであれば、それはすぐに排斥され、決して受け入れられることはありません。したがって受動は、それがその性質・能力を成就する限り、必ず自己に利をもたらす働きであらざるをえません。もちろんわれわれはここで、能動が利他であり、受動が自利であるということを言うだけです（肯定命題を主張するだけです）。能動のなかに自利がない、あるいは受動のなかに利他がないということを主張するのではありません（否定命題を主張するのではありません）。また能動のなかに一分の自利があるとか、受動のなかに一分の利他があるとかいうようなことも、いま論じるところではありません（特殊命題はいま必要ではなく、普遍命題だけを必要としています）。

このように自利と利他というのは、万有の能動と受動の作用の、実際上に現れる正当な働きであります。しかし、この正当な作用に自害・害他という作用も混じり込んできます。実際の人類の活動はさまざまに紛れ、錯綜していて、簡単にははっきりと観察しがたいものです（自害・害他の作用について説明しますと、自の能動であるはずのものを他の能動とすることが害他の作用です。そして自の受動であるはずのものを他の受動とするのが自害の作用です。これらは、ものごとの道理を誤って理解した迷妄や混乱から生じたものです。人の所持すべきものを自分で所持したり、自分が果たすべき義務を人の責任とするような例を手がかりに推察し、考えてください）。

万有にはそれぞれに能動と受動のための器官と機能があります。有限に、実際上（つまりいわゆる心霊上）自利と利他の作用があることは、上述した通りです。無限に関しても、それに対応した徳性があります。神仏の智慧というのは、自利の徳性ですし、それらの慈悲というのは、利他の徳性です（智慧というのはただ無限にのみ限られるものではありません。もちろんのことですが、有限にも用いられるものであります）。

二二　自利・利他〔下〕

万有においては、以上で論じましたように、自と他とが相対し、あれとこれとが互いに関係しあっています。その故に、心霊の実際の行為においては、自利と利他、そして自害と害他という四つのものが生じます。そのうち、自害と害他の行為は、ものごとの道理を誤って理解した迷妄や混乱から生まれるものですから、正当な行為としては、自利と利他の二種類があるだけです。

いま無限についてこの点を論じますと、無限というのは、すでに開発・発展を終え、さとりの状態に達したものですから、そこには迷妄や混乱は生じえません。それ故、無限の行為は自利と利他のほかにはありません。そして自利の徳性を智慧と言い、利他の徳性を慈悲と言っています（この智慧と慈悲という二つの働きは、前に言った知と情とにあたるものです)。この二つの徳性から実際の行為が生じるわけですが、それを方便と言っています(それは前に言った意にあたります)。

二三　自利、利他、および方便の必然性

心霊はすべて知・情・意の三つの働きを具えていますが、いま述べた自利・利他・方便の必然性については、無限でなければそれを明瞭に認めることは困難です。

有限はそれぞれ、個別的なものの見方のなかに閉じこもっていて、ややもすると、他を仇敵とまでは言わないまでも、利害を異にするものとみなしがちです。そのために自害・害他という弊害を免れることができないのです。このような状態で、どうして利他という徳のある働きをなすことができるでしょうか。

それに対して無限(あるいは無限を知覚したもの)にとっては、個別的な考え方というのは、ただものごとの一面を表現するものにすぎず、あれこれの考え方が平等一体である一面(これは一面というより、むしろ実相です)があることが無限には知られています。それ故に、他の痛苦を直ちに自の痛苦として感じ、他の歓楽を直ちに自の歓楽として感じます。そのために自利が完全であるためには利他もまた完全であることを要求し、利他の

成就は直ちに自利の成就であると感知するわけです。大いなる智慧は直ちに大いなる慈悲に転じ、そこで摂化《せっけ》*1・救済という大いなる方便を提起することになります。これはまったく必然的なことであり、そうでないことは決してありえないのです。

以上のように智慧や方便が必然であるとしますと、実際上においては、すでに無限の存在を確信する以上は、必ずこの摂化・救済という働きを信じ、仰ぎ見ないわけにはいきません。もしそれを信じ、仰ぎ見ることができない人がいるとすれば、それはまだ本当の無限に接していないのです。世の中の信仰者と言われる人は、自らを省み、自分がそうであるかどうか検討する必要があると思います。

註

*1　摂化とは、摂取化益の略。つまり、仏が衆生をおさめとり、引き受けて、導き、恵むこと。

二四　救済の必要性

前節において救済が必然的であることを説明しましたが、これは無限の方にこの必然性があることを示したにすぎません。有限の方から見て、この必然性というのは存在するのでしょうか。もしそれが不必要なことであるとすれば、かの救済という大いなる事業も、無限がただ自分の楽しみのために行っているだけのことになってしまいます。果たしてどうでしょうか。もちろん有限の方にその必要性があってなされるのです。

有限が無限へと至るのは、有限のうちにある無限な力を開発・発展させることによると言われます（仏性を開示し、顕わにすると言われるのもそのことです）。しかし、この開発・発展というのは自然に起こりうるものなのでしょうか（もちろん自然ということをどのように解釈するかによりますが、いまは通常言われる意味、つまり偶然に、縁の助けなしに、という意味で理解します）。いや、決して自然には起こりえません。万有の開発・発展はすべて因縁果の法則（『宗教哲学骸骨』[*1]参照）に従わざるをえません。そして結果の質と量は、つねに因と縁の質と量に一致します。そうであるとしますと、いま有限が開発・発展して無限の結果を得るためには、因と縁のなかに必ず無限の要素が具わっていなければなりません。しかし、因の要素というのは現在の有限のことです。そうであるとすれば、無限は必然的に縁の要素にあると言わざるをえません。つまり、有限である因を無限の結果へと至らせる縁は、その働きにおいて無限であらざるをえません。

もちろん実際のさとりにおいては、有限な縁（たとえば飛花落葉）によって、それが得られるという形跡がないわけではありません。しかしこのことはまだ、縁が有限であるということを証明するものではありません。というのも、このような場合の有限は、実際には無限の徴表であるかもしれないからです。

したがって、まずいわゆる無限の方便について詳しい検討を行わなければなりません。いまはまだこの方便についての詳しい検討を終えていませんが、しかし、因の無限への開発・発展には、無限の縁が必要であることは決して否定できません。定理と言ってもよいかもしれません。もし仮に、有限の縁によって大いなるさとりが可能であるとしても、この縁の働きは、因に対する救済であることは明らかです。このような縁がなければ、因は永遠に有限の状態から解脱することがないからです。

註

＊1　『現代語訳　宗教哲学骸骨』（法藏館、二〇〇二年）、四〇頁以下。

二五　自力・他力

二月二十日

宗教には自力と他力の二門があります（第六節）。自力門においては、自己に無限の性質・能力があると考えますから、自力の奮励によって大いなるさとりを得ようとします。これは、いささかも他力に頼ろうとしない立場です。しかし前節では、いっさいのさとりには救済が必要であると言いました。前節で述べたことと、いま述べたことのどちらが正しいのでしょうか。ともに正しいと言うことができます。その理由を簡単にお話ししましょう。

先ほども言いましたが、有限のなかに無限があるという主張と、有限の外に無限があるという主張とは、互いに矛盾し、相容れません。この二説のうちの前者を取るものは、同時に後者を取ることはできません。後者を取るものは、同時に前者を取ることはできません。

しかし、この二説は前に述べた根本の矛盾に基づくものであり、一方を正、他方を不正とすることはできません。そのために哲学は、この二つのうちのどちらをも取らず、両者が調和した根源へと至ろうとして、永久に探究に携わろうとするのです。

宗教家はこれに反して、実際に修行を行い、さとりを得ることを先決問題であると考えますから、前者の説を取ったり（自力門を組織したり）、後者の説を取ったり（他力門を建立したり）します。したがって自分の一門の原理を守り、他を受け入れません。前節においてて救済の必要性について論じたのは、すでに、有限の外に無限を認める他力門の方の説に立ってのことであったと言えます。これに対して、自力門の原理に依拠して非難を行うのは、まったく異なった門の鍵をもてあそぶものです。二つの立場がまだ分かれない境地と、それぞれの立場が確立された地盤とを考察すれば、決して疑いが出されたり、非難がなされたりすることはないはずです。

論理上の必然についてはすでに聞きました、しかしわれわれは現実に無限性を具えているのでしょうか、もしそうであるとすれば他力門の信者も同様に現実に無限性を具えているはずです、論理上の問題ではなくむしろ実際上の話を聞きたいものです、このように言う人がいるかもしれません。

仏教で言う悉有仏性[*1]というのは、もちろん真理であり、そこにいささかの虚妄も偽りもありません。実際上の話ということを言われますが、それに関して少し考えてみてください。無限に関する実際談というのは、覚者（現実に無限となった者）でなければとうていできません。私もあなたもともに現実に有限な存在者です。そのあいだで無限に関する実際談（直接知に基づく議論）をすることはできません。（仏陀もわれわれに教える際に論理に依拠しました。ましてや）われわれ相互の議論においては、必然的に論理の軌道の上でなさざるをえません。いまあなたが提示された疑いや非難も、現に論理に基づくものです。これに答えるのもまた、論理に訴えるほかはありません。

まず〔自己のうちに〕無限性があるというあなたの主張の根本について省察をしてみてください。それは、有限と無限の関係についての論理的観念ではないでしょうか。それが論理的観念であるとしますと、現実に無限は外にあるというのも同様に論理的観念です。そうしますと、論理上の必然性から、これを取るかあれを取るかの一方に決定せざるをえません。そのうちの一方を取るものは、論理に従って、すべてが無限性をもつという立場に決することになりますし、他方を取るものは、やはり論理の必然に従って、すべてが無限性をもたないという考えに決し、その立場に立ち続けることになります。それ故、他力門の立場に立ちますと、私自身が無限性をもたないだけでなく、有限な存在者はすべて無限性をもたないと断言することになります。そこには躊躇はいっさいありません。

論理が避けえないものであることは分かりましたが、二門のうちのどちらを選択すべきなのか、その根拠となるものについて論じてほしいと言われるかもしれません。そう問われるならば、はなはだ答えがたいと言わざるをえません。というのも、それは、いわゆる機（法を聴く者）と法[*2]（教え）との適合・不適合に関わるからです。機根、つまり衆生の性質・能力と教えとが適合すれば自然に信仰されますし、そうでなければ結局、疑いや迷いを免れません。

以下で少しばかり、二門の外面的な特徴を対比的に論じてみましょう（そのなかで言われていることは、各門の原理そのものです）。

機法とさとりの早い遅いの問題

自力門では、機の違いにより、さとりの早い遅いがあります。
他力門では、法の違いにより、さとりの早い遅いがあります。
機の違いは、各自にとっては、運命的なものです。
法の違いは、各自が選択できるものであり、随意的です。

それ故
自力門においては、さとりの早い遅いは不動です。
他力門においては、さとりの早い遅いは、自由に選択できます。

難易の問題

自力門では、さとりに至る大行は、自力に依存しています。
他力門では、さとりに至る大行は、他力に依存しています。
自力の修行は、成就がたいへん困難です。
他力の信仰は、受け取りやすく、行いやすいものです。

それ故
自力門は難行道、つまり行うのが難しい道です。
他力門は易行道、つまり行うのがたやすい道です。

（註）法の違いとは、弥陀を信じたり、大日を信じたり、観音を信じたりということを指します。

付言
それ故　自力門の修行は一心に、そして不撓不屈で行わなければなりません。
　　　　家を棄て、欲を棄てるなどといったことをするのは当然のことです。
それ故　他力門の信仰は、自然な発動によります。
　　　　家を棄て、欲を棄てるなどといったことをする必要はありません。

註

＊1　『涅槃経』で「一切衆生悉有仏性」と言われている。「すべての衆生に仏となる本性が具わっている」という意。

＊2　機とは仏を信じる衆生、もしくはその信心のこと。法とは、衆生を救う仏の力のこと。ここでは二門のそれぞれの教えを指している。

二月二十三日午後

二六　方便

方便という、仏教の書物でつねに用いられている言葉をここで取り上げました。しかし仏教書においては、この語の意義、および用い方についてさまざまな議論があります。そのうち、もっとも対立的な二つの意義を挙げるとしますと、一方では、方便は虚構ないし虚偽の意味であるとされます。しかし他方では、もっとも重要かつ必須の方法であるとされます（「方便即真実、真実即方便」と言われるのは、この場合です）。なぜこのように天と地ほど異なった意味があるのでしょうか。それについて明快な解釈を行っているのはたいへん少ないと思います。いまわれわれの解釈を提示したいと思いますが、このまったくの不明瞭さを取り除くのに少しは役立つのではないでしょうか。

そもそもわれわれが方便ということを言うのは、かの無限の慈悲と智慧を運用するための大いなる活路とするためにです。それを受け取るのは、もちろん有限な心霊です。ここにおいてすでに識者は、これは何と異常な働きではないかと感じるかもしれません。確かに通常の活動というのは、有限が有限に対するものです。無限が有限に対するというのは、宗教の外には求めることのできない奇妙な働きです。無限がその本当の実相のままに有限に対するとしますと、有限はとうていこれを受容することはできません。とくに巧みな方策によって有限に相対し、それを導くということをなさざるをえないのは、論を待ちません。そのために、真実で至誠の妙智を働かせて、有限に相接する大いなる活路を開いたのです（いわゆる善巧《ぜんぎょう》方便[*1]というのはこれのことです）。多くの宗教において神や仏が姿を変えて現れるということをさまざまに説いているのは、この原理に基づくものであると言えます。そしてこれは他力の教えのもっとも重要な点であり、これによって教えの特徴というものが出てくるわけですし、それによらなければ教えの門も開かれないわけです。

以上に基づいて方便の成立について改めて考えてみますと、方便は無限の真相から出て、有限の現実のありように向かい、それを完全におさめとらないではおかないものであると言えます。つまり、無限から出て、有限に接し、有限を無限に転じないではおかないものです。これを詳しく見てみますと、次の三つの段階に分けることができます。

(一)無限が姿を変えて現れる　　無限的
(二)無限と有限とが出会い、融合する　　中和的
(三)有限が無限に帰する　　有限的

無限が姿を変えて現れるというのは、無限が姿を変え、有限の形式において顕現するということです。有限の形式においてというのは、空間・時間の秩序のなかで、因果に基づいた出来事を起こし、有限が通過し、入ることのできる門戸を開くということにほかなりません（法蔵菩薩の因源果海[*2]の徳相というのはこのことです）。

これは実際には無限でありながら、有限の外形を示すものですから、偽って仮の姿を見せるのと同じであるように思われます。しかしわれわれが通常偽ってだますと言うのは、有限同士のあいだで、みだりにだまそうという心をもって仮の姿を示すことです。完全に

誠実さを欠いたものです。それに対してこの方便というのは、無限の慈悲と智慧から発したもので、どこまでも真実に基づいた至誠の、そしてはかりがたいほどにすばらしい現れなのです。どうして先の仮の姿と、この善巧とを同列に並べることができるでしょうか。

このように無限の有限に対する活動においては、いくらか無限の真相を隠し、ことさらに姿を仮のものに変えて立ち現れるということが必要になります。したがって事柄の表面だけ見ている人の誤解を招くかもしれませんが、これは第一の段階においてのみ生じることで、第二、第三の段階ではこのような誤解を生むことはほとんどないと思います。しかしもちろん、方便ですから、そこにも変わったことがないわけではありません。むしろ方便の方便としての真の資格は、この後の二段階に求められると言ってもよいと思います。というのも、第一段階は他の二段階のための手段であると言うことができるからです。

この手段という意義も、方便についての誤解を生む一因になっています。ものごとの皮相だけを見ている人は、第一段階だけを見て、方便というのはこれで尽きていると思い、次にそれが他の二段階のための手段であることを知るや、方便は単なる手段、つまり目的に達するための仮に設けられたものであるというように考えます。それが真あるいは偽であるか、虚あるいは実であるかは一定しませんが、そのなかには、それ自体で必要なものは何も含まれておらず、いったん目的を実現すれば、すぐに撤去されるべきものであると主張します。さらには性急な議論にせかされて、仮設の手段などに頼らず、最初から単刀直入に真の目的のなかに入るべきであるというように主張するに至ります。

この解釈は、方便の第一段階は他の二段階のための手段というように理解していますが、方便というものの真相を決定的に誤解していると言わざるをえません。そもそも手段と目的というのは、見方によって手段となったり、目的となるというように相対的なものであって、それ自体の価値が軽いとか重いとか言うものではありません。いま挙げた方便の第一段階は第二段階の手段ですが、第二段階はまた第三段階の手段と言うことができます。そして第三段階も、その目的となるべきものに対すれば、同様に手段ということになります（法蔵菩薩の因位果海は、衆生の信心のための手段、衆生の信心はその大いなる涅槃を実現するための手段、大いなる涅槃を実現することは衆生の救済の手段です。往相は還相のための手段です）。

手段	目的
(一)無限の因果	(二)有限の発信[*3]
(二)有限の発信	(三)有限の証果[*4]
(三)有限の証果	(四)無限の救済（すなわち無限の因果）

無限の方便によって、有限が開発・発展して、自ら無限に到達するわけです。到達し終

われば、次には自ら方便を起こして、他の有限を開発・発展させます。この有限もまた自ら無限に到達すれば、さらに方便によって他の有限をおさめとり、導くことに携わります。このようにして発展・展開して停止するところがありません。目的は手段となり、手段は目的となって、休止することがありません。そういうわけですから、どうして手段と目的という外観から、そこに軽い重いの違いを見ることができるでしょうか。ましてやその要・不要を云々することができるでしょうか。そうした見方は、まったく浅薄な迷妄、あるいは誤謬と言わざるをえません。

（一）無限の因果――為蓮故華――為実施権――従本垂迹
（二）有限の発信――華開蓮現――開権顕実――開迹顕本
（三）有限の証果――華落蓮成――廃権立実――廃迹立本

（一）無限の因果――蓮破華生――由実設権――従本垂迹
（二）有限の発信――華開蓮現――開権顕実――依迹顕本
（三）有限証無限――華脱蓮成――収権帰実――従迹還本[*5]

註

＊1　仏が衆生の能力や素質に応じて、さまざまな方法・手段を巧みに用い、衆生を救う

こと。

＊2　因位、つまり仏となるための修行を行う期間ないし過程（阿弥陀仏の場合には法蔵菩薩であった時期）における修行が因源。果海とは、その修行によって生じた結果がきわめて広大なことを海に喩えたもの。

＊3　信心を起こすこと。

＊4　さとりという結果を得ること。

＊5　『法華玄義』、『天台四教儀』、『天台四教儀集註』参照。「為蓮故華《いれんこけ》」とは、蓮の実を生じるために蓮の華が開くこと。「為実施権《いじつせごん》」とは、真実の法に帰せしめるために、方便として仮の教えを説くこと。「従本垂迹《じゅうほんすいしゃく》」とは、真実、あるいは本体の仏としてあることから、人々を救うために仮の姿をとって現れること。「開権顕実《かいごんけんじつ》」とは、方便としての仮の教えを開いて真実を顕すこと。「開迹顕本《かいしゃくけんぽん》」とは、仏が垂迹の身であることを明らかにし、本仏としてのそれ自身を顕わにすること。「廃権立実《はいごんりゅうじつ》」とは、方便としての仮の教えを廃して真実の教えを立てること。「廃迹立本《はいしゃくりゅうほん》」とは、仏が垂迹の身を廃して、それ自身を本体として立てること。「由実設権」とは、真実の教えから出て、仮の教えを設けること。「依迹顕本」とは、垂迹の身に依拠して、本体としての仏を顕わにすること。「収権帰実」とは、仮の教えを取り収めて、真実の教えへと帰ること。「従迹還本」とは、垂迹の身から本体としての仏へと還ること。

二七　無限の因果〔上〕

二月二十四日

因果は有限にとってのことわりであり、無限は因果を超越しているということは、あえて言うまでもありません（『宗教哲学骸骨』第四章「転化論」に「絶対と因果」という節があります）。さて、いま無限が因果の形式に現れ出るとしますと、無限は必然的にその本性を棄てざるをえません。無限の地位を棄てて有限に帰した以上は、ふたたび無限の本願と修行を成就しなければ、もともとの無限の地位に帰ることはできません。本願・修行という原因によってしか、さとりの立場に帰るという結果を得ることができないというのは、そのことに基づいています。

さて、そのあいだに衆生の救済という出来事が成就するのはなぜなのでしょうか。そもそも無限がそのもともとの地位を棄てるのは何のためなのでしょうか。ほかでもありません。衆生を救いたいという大いなる慈悲に基づいています。衆生のことを悲しみ、憐れむことにより、無上の大覚を棄て、かえって迷いの世界に入り込むのです。これ以上ない功徳を衆生に譲り、施すのです。こうして衆生は、自分の行いによってではなく、他力の救済によって、功徳を受け取るのです（このように功徳・利益の循環がないとすれば、無限がもっとも高い地位を棄てるという功徳は、ただいたずらに消滅して、その価値をとどめなくなってしまいます。このようなことわりがあってよいものでしょうか。われわれの目の前にあるありふれた事実で考えてみてください。あるお金を投げれば、誰かがそれを受け取り、利用するのではないでしょうか。無上の功徳を投げ棄てる場合も、どうして何等の代償もなく消滅していくということがあるでしょうか)。

では、無限がこのように有限に譲り与えた功徳は、どのようにしてそれにふさわしい利益を施すことになるのでしょうか。ほかでもありません。無限がその功徳を譲り与える意向を示し、それを十方に明らかにしますと、有限がそれを認め、受け取るのです。この無限が示し、有限が受け取るという出来事は、相対的な出来事であって、有限の世界においての現象であるほかはありません。つまりそれは、かの無上の地位を棄てて展開・現象した有限が、その本願と修行において、開き示すほかはないのです。このことから、無限の譲り与えるという功徳によって有限が大いなるさとりという利益を得るのは、いま申し上げた展開・現象した有限の因果のなかに包摂されていることを知ってください。かの展開・現象した有限が、有限を救済したいという本来の趣意を、このもとの無限へと帰っていく原因となる本願と修行において実現しようと努めるのは、この理由によるのです。他の面から言えば、無限が無限へと帰っていくのは、そもそも当然のことであって、そのためにはいささかも本願や修行を必要としないのです。そうであるのに、無限への復帰という結果を得るために、絶大な本願・修行という原因を成就しようとするのはなぜなのでしょうか。この本願・修行が有限を救済するという事業であるからにほかなりません。この本願・修行なしに当然の復帰だけをなすというのであれば、それは法（真理）から生じる楽しみを自ら受け取り、自ら味わうだけであって、そこには利他という効用がまったく存在しません。本願・修行というものがあってはじめて、その軌道のなかに入り込んできたすべての有限に対して、他力往生という最高の利益を得させることができるのです（仏教の他力真宗は次の第二の解釈に立ちます）。

第一の解釈
- 無限の地位を棄て去るという功徳＝有限を救済するという利益
- 展開・現象した有限の本願・修行＝本願・修行にふさわしいさとりという結果

第二の解釈
- 無限の地位の棄却＝無限の地位への復帰
- 展開・現象した有限の本願・修行＝有限を救済するという利益

例
- 久遠弥陀*1＝十劫《じっこう》弥陀*2
- 法蔵菩薩の本願・修行＝衆生往生の増上縁*3（すなわち、他力）

註

＊1　久遠の昔に成仏した阿弥陀仏、つまり、その成仏に関して「いつ」という限定をすることができない阿弥陀仏のこと。

＊2　『無量寿経』に、阿弥陀仏はいまから十劫の昔にさとりを開いて仏になったと言われているが、その阿弥陀仏のこと。久遠の弥陀のいわば方便にあたる。

＊3　他のものの働きを増進・助長させる縁。

二八　疑問と非難

二月二十五日

方便のことについて詳しく聞く前に、次の点を質したいと言う人があるかもしれません。まず第一に、そもそも有限を救済し開発する能力が無限にあるかどうかについては言を待つ必要がないはずです。どうしてわざわざ一度有限のなかに沈み込み、修行という原因を成し遂げてもとの地位へと戻り、そのことを通してはじめて有限の救済という事業を成就するのか、という疑問です。もう一つは、われわれは有限ではあるが、自然に無限を認知して、それによる救済を信仰することができるのに、どうしてことさらに、無限の悲願の成就によってはじめて聞信[*1]の恵みを得ることができるのか、という疑問です。この疑問を提出される人は、この二つの疑問が氷解しなければ、方便についての説明もまったく傾聴しがたいものになりますから、まずこの点について詳しい説明を行ってほしいと言われることでしょう。

このような趣旨の疑問・非難が提出されるのは、前節での議論についてまだ了解していただけないところがあるからでしょう。まず第二の疑問の方から説明してみましょう。そこで有限は自然に無限を認知すると言われています。そもそも「自然に」というのはどういう作用でしょうか。宇宙に存在するものは有限・無限の二者以外にはありません。もしそこに有限自身の力・働きによらないものがあるとすれば、それは無限の力・働きによるものと考えるほかはありません。いま有限の力・働きによって無限を認知するということが言われているわけですが、これはいわゆる自力門の話です。われわれはいま他力門のことについて話をしています。どうしてここで自力門の議論を混入すべきでしょうか（仮に自力門のなかにあるとしても、有限が自力で無限を認知するというのは、詳しく検討し、考えた上でなければ了解しがたい問題だと思います）。もし有限の自力の働きでないとしますと、「自然に」認知するというのは、無限の力・働きによって認知するということにほかなりません。「自然に」とは、まったく他力の働きであると言わざるをえないのです。われわれ有限が、無限の悲願の力によって信仰を起こすというのはこのことです。第二の非難の趣旨は、われわれが方便と言おうとしているものとまったく同一であると言うことができます。

次に第一の非難について考えてみたいと思います。無限に最初から救済の能力があるというのは、もちろん論を待たないことです。しかし、無限には絶対と相対という二つの面があることも知らなくてはなりません。そして有限の救済ということに携わるのは、まさに相対の面においてのことです。かの絶対の面においては、無限は不動、不作、静かに落ち着いて動かないのです。先にわれわれが、無限がその真相のままにある場合には有限はとうていこれに接近することができないと言いましたのは、この故なのです。

それに対して、相対という面においては、無限は有限と相対し有限の開発にあたりますから、有限にふさわしい姿を取って現れ、そのすぐれた働きを施すのです。これこそ、われわれが言う方便にほかなりません。しかもこの相対における無限と、かの絶対における無限とは、同一体であり、決して分離することのできないものですから、もとの地位に復帰すると言うのです。ですから、われわれが言うところも、そして非難する人が言うところも、その趣旨が結局同じであるということを知ってください。

さらに仏教が言うところに基づいて、この絶対・相対の問題を対比的に論じますと、絶対無限は凝然真如[*2]であり、相対無限は随縁真如[*3]です。凝然真如は、その名の通り、静かで動かない、つまり働くことがない一物です。随縁真如も、その名の通り、縁に従って作りだされる諸事象を意味しています。有限の衆生を縁として大いなる慈悲の方便を生みだすのは、随縁真如のすぐれた働きです。流転・還滅《げんめつ》*4という二つの方面は、この随縁の真相を示すものにほかならないと思います。これはもちろん凝然真如を犯すものではありません。しかし、衆生の救済は随縁真如によるほかはないのです。そうではありますが、随縁と凝然とは実際にはまったく一体であり、元に帰って一つになるわけですから、真如がばらばらに分かれるということはありません。

われわれ一人ひとりが、涅槃の彼岸に到達するというのは、この随縁万法還元*5の一部分のことです。あらゆる存在が元に帰り終えることによって、随縁真如の流転門が還滅門を完全なものにすることができるのです。その際、われわれ一人ひとりが必ず大いなる涅槃に到達しうる証拠というのは、どこにあるのでしょうか。随縁真如のことわりに従って流転門においてさまざまな仕方で現れた諸存在が、還滅門において同一の本源に還帰せざるをえない必然性があるということに基づいています。このことわりの故に、自力門では「悉有仏性」とか「草木国土悉皆成仏」といった原理を立て、他力門では無限の因源果海という原理を立てているのです。

他力門の仏教では、阿弥陀の正覚《しょうがく》*6は衆生の往生によって成立し、衆生の往生は阿弥陀

無限｛絶対――不変／相対｛流転門・還滅門｝随縁｝真如

流転門に対して還滅門が必然であること｛悉有仏性等――自力門／阿弥陀仏の因果――他力門｝

の正覚によって成就すると言います。もしいっさいの衆生が往生しなければ阿弥陀は正覚に至るということはないわけですが、しかし阿弥陀はすでに正覚を成し遂げているわけですから、衆生の往生にはまったく疑いがないと言います。われわれが先ほど使った言葉でこのことを言い表しますと、いっさいの衆生の往生（つまりあらゆる存在が元に帰ること）は、阿弥陀の正覚（すなわち還滅門の必然）より生じます。そして阿弥陀の正覚（つまり還滅の必然）がすでにあるわけですから、衆生の往生（すなわちあらゆる存在が元に帰ること）は確固不抜であると言うことができます。また他力門では不変真如、随縁真如を法身[*7]の上で区別して、法性法身、方便法身[*8]ということを言います。その方便法身というのは、因果的な報身仏《ほうじんぶつ》[*9]のことです。

真如｛不変―法身―法性法身―絶対的で非因果的／随縁―報身―方便法身―相対的で因果的｝無限

註

＊1　教えを聞いて疑いなく信じること。
＊2　いっさい動かず、不変なままの真如（永遠の真理）。不変真如とも言う。
＊3　縁に従って現れた真如。
＊4　流転とは、迷いの世界をさすらうこと。それに対して還滅とは、流転の世界を脱し、涅槃におもむくこと。
＊5　随縁真如により、あらゆる存在が元に帰ること。
＊6　無上正等覚の略。仏の完全なさとりという意味。
＊7　真理（法）の身体。さとりの内容である永遠不変の真理。
＊8　色も形もない真理そのものが法性法身であり、衆生を救済するためにそれが具体的に名を示し、形を表したもの（阿弥陀仏）が方便法身である。真理の衆生への働きかけを具体的な形で表現したものと言うこともできる。
＊9　仏となるための因となる修行を積み、その果報により、仏となった姿を言う。

二九　無限の因果〔下〕

二月二十六日

無限
- 因
  - 縁
  - 因
    - 形式的原因—願
    - 実質的原因—行
- 果

有限
- 因
  - 縁—教、行
  - 因—信
- 果—証

無限の因果を分けて考えてみますと、まず因と果とに分けることができます。そしてその因のなかに因と縁とが区別されます。因の発動が縁の刺激によることは言うまでもありません。無限が相対に現れて発動しようとするときにもまた、この縁がないはずはありません。その心に接触してくるものは、すべて縁であると言うことができます。

さて、これらのもののうちには当然、遠いもの近いもの、疎遠なもの親しいものの区別があるわけですが、そのすべてにわたってここで細かく論じる必要はありませんから、それを省略し、もっとも顕著なもののみを取り上げて論じたいと思います。

相対に顕現してくるものが、教主、つまり教えを説くものですが、衆生はそれから発心修道のための正しい教えを受けます。この教化に際して、因として働く要素に二つのものが区別されます。本願と修行がそれです。願は形式的な因であり、行は実質的な因です。この二つは、心霊が働く際の原因としてなくてはならないものです。目と足との関係を有すると言ってもよいかもしれません。願だけがあって行がないというのは、目だけがあって足がないようなものですし、行だけがあって願がないというのは、足だけがあって目がないようなものです。

願と行とは、もろもろの心霊の働き（何かを目ざす行為）に共通のものですが、通常の願と行が有限であるのに対し、ここで言う願と行は無限なものです。それが願望するものも無限ですし、その修行もまた無限です。

それではこの無限の願、無限の行とは何のことでしょうか。いっさいの心霊の願望と修行とを集めて、それを一身に担う願と行がそれです。これが、他力門が起こりうる根拠であると言えます。というのも、一方に他の願と行を一身に担う心霊があるとすれば、他方には、その願と行を担ってもらう心霊が存在しなければなりません。つまり、いま一つの心霊が無限の願と行とを成就するとしますと、その他の心霊は、それ自身も願を発し、行を修するということもあるでしょうが、それもこの、衆生にその利益をふり向けようとする無限の願行成就によるものであると言うことができます。いわゆる他力回向の願行というのはこのことです。

次に、果たしてこのような願行の成就はありうるのか否か、ということが問われるかもしれません。この点についてここで考究したいと思います。ただなかなか理解しがたい問題であり、とくに注意を要する点であります。

もちろん無限の願行のなかに、いっさいの有限の願行をおさめとるということはあるでしょうが、このような願行が成就するということは、果たしてあるのでしょうか。もしあると言うとしても、無限の時間が経た後にであると言わざるをえないでしょう。無限の時間を経た後に成就するとしますと、いまある有限は、とうていその恩恵に浴することはできません。そうなると他力の宗教というのは、われわれにはまったく効力のないものであると言わざるをえません（真宗の『大無量寿経』のなかに、アーナンダが、法蔵菩薩はすでに成仏したのでしょうか、それともまだ成仏していないのでしょうか、と問うところがあります。それに対して、阿弥陀仏はすでに成仏し、十劫が経過していますという答えがなされています。これは非常に簡単な問答のように見えますが、実際には、他力門の存立に関わる大問題がそこにあるのです。因説の終わり、果説のはじめ[*1]にこの問答があるゆえんを知ってください）。

いまこの問題について簡単に解釈を行いたいと思います。もし、かの願行が無限の時間を経た後に成就するというとしますと、それは結局、成就しないということを婉曲的に表現したにすぎません。これは、他力門だけでなく、自力門の願行もすべて、無限の時間を経た後でなければ成就することがないという批判であり、つまりは宗教全体に関わる疑問であると言うことができます。それ故、すでに『宗教哲学骸骨』においてこの点について論究・解明を行いました。[*2]

その要点は次の通りです。有限な力によって無限の行を成就しようとすれば、疑問や非難が向けられるのは当然であるように見えますが、宗教上の修行者は決して純然たる有限者ではなく、実際には無限な力を具える者です。無限な力をもって無限な行を成就するわけですから、すばやく成就する者もあり、ゆっくりと成就する者もあって、その時期を一定することはできないというように言いました。それは宗教全体において、つまり自力門と他力門のいずれにおいても、予測することができないものです。

さて、とくに他力門において、いま述べた疑問・非難について一つの解釈があります。それは次のようなものです。そもそも方便全体の成立ということが言われるとき、そこではすでに因と果との二つが前提されています。因のみがあって果がないということは言えませんし、また果だけがあって因がないということも言えません。方便というのは、因と果とをともに具えたものであらざるをえません。したがって因も無限でありますし、果もまた無限です。しかもはかりがたい仕方でこの因と果とが両立していて、どちらかに偏っているということはありません。このはかりがたい働きを、いま強いて仮の喩えによって解説するとしますと、左の図のようになります。

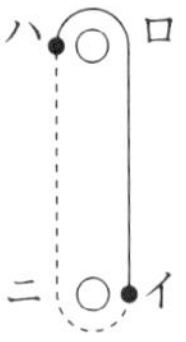

（イ）（ロ）（ハ）（ニ）は一つながりの綱または縄です。（イ）点が（ロ）へと進めば、（ハ）点は（ニ）に達します。（イ）から（ロ）への進展が無限の因に喩えられるとしますと、（ハ）から（ニ）への進展は無限の果に喩えられます。（イ）から（ロ）への進展も、（ハ）から（ニ）への進展も、ともに一つの縄の動きです。無限の因も無限の一つの徳であるとしますと、無限の果も同じように無限の一つの徳であるようなものです。以上に基づいて言いますと、因と同時に果があると言っても何ら問題はありません。もちろん因は因であり、果は果です。しかしこの二つの徳は、相互に妨げあうことなく、はかりがたい仕方で相互に連関しているのです（因と果とは異なった時間に存在すると考える必要はありません。作用と反作用については、同時でありながら、因と果とをなしていると言うことができるのです。唯識では、「種子《しゅうじ》生現行《げんぎょう》、現行薫種子、三法展転《てんでん》因果同時[*3]」というように言うことがあります。これらは皆、同時的な因果です）。

さらに卑近な例を挙げて解説しますと、飲食という因によって成長という果を得るというのは、もちろん原因・結果の関係です。その場合、飲食が完全に終わってから、成長がはじめて現れてくるのではありません。飲食と同時に成長が始まっています。しかしその場合も、あくまで飲食は因であり、成長は果です。因は前であり、果は後であるというのは、論理上の必然を言ったにすぎません。実際に時間的に前と後があるかどうかは必然的ではありません。

もう一つ同じような例を挙げますと、修行をして職人になろうとするとき、修行が完全に終わってからはじめてすぐれた職人という結果を得るというのは、おおざっぱな言い方です。真相においては、一歩修行をすれば、一歩すぐれた職人になり、二歩修行すれば、二歩すぐれた職人に、三歩修行すれば、三歩すぐれた職人になるというように、比例的に因と果とが同時に生じるのです。これをきわめて短い時間の単位で分析しても同じことです。そのごく短い時間修行すれば、その分だけすぐれた職人になり、その二倍修行すれば、やはり二倍分すぐれた職人になり、三倍修行すれば、三倍分すぐれた職人になるのです。言い換えれば、一刹那ごとに修行とすぐれた職人という因と果とがあるわけで、結局は因と果とが同時であるということが言えるのです。

さらに、原因というものの成立について考えてみますと、その要素として目的因というものが考えられます。これはどういうものでしょうか。ほかでもありません。最終的な目

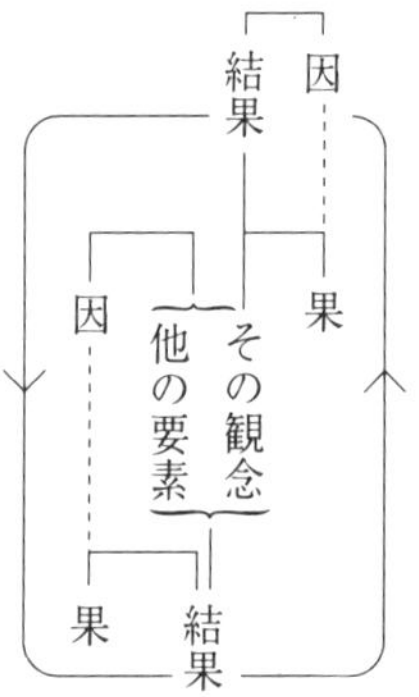

的の観念が、原因としての働きをすることを言ったものです。すなわち、結果の観念が原因の一要素になっているのです。いわゆる展転因果[*4]ということです。これを図示しますと上のようになります。

東京に行くということは、結果となるべき目的です。そしてこの目的の観念、つまり東京へ行くという考えが、東京へ行く旅行の刺激力になるわけです。

以上で解説しましたように、因と果とは同時に存在することが可能なわけですから、因がたとえ無限の時間を経た後でなければ完了しないとしても、すでに果に具わった徳が顕現している以上、因としての本願はすでに成就していると言わざるをえません。とくに他力門にとって要となる点は、この果の徳を確認するという点にあるわけですから、理解しがたいところは少しもないと言えます。

註

＊1　註釈家の段落分け（科文《かもん》）によれば、この問答は、「如来浄土の因」について説いた後、それを承けて「如来浄土の果」について説く段落のはじめに置かれている。

＊2　『現代語訳　宗教哲学骸骨』六七頁以下参照。
＊3　「アーラヤ識のうちにある種子が現行、つまりこの世界のもろもろの現象を生じ、現行がアーラヤ識に影響を及ぼして種子を形成する。この三者、つまり種子と現行と種子とは互いに因となり果となる。その因と果とは同時である」。『成唯識論』巻第一参照。
＊4　相互いに因となり果となるということ。

三〇　願と行の成就（無限の因果）

二月二十七日

方便の核心である無限の因果に、願と行（因）と、その成就（果）という二つの面があることは、前節で解説した通りです。さて、その願とは何のことでしょうか。自利・利他という大いなる道を求める心から生じた願望であり、自利としては、無数の徳を完全に具えようとし、また利他としては、いっさいの心霊にそれぞれ無数の徳を完全に具えさせようとする希望にほかなりません。いわゆる極楽浄土、あるいは安楽世界の建立のことです。この極楽浄土の成立については、主伴、つまり中心的な領域と付随的な領域（すなわち仏荘厳《しょうごん》、菩薩荘厳、国土荘厳[*1]）のそれぞれが無数のすぐれた面を具えていて、それを尽くすことはできませんが、要するに自利・利他の両面にわたって、無数の徳を完全に作りだそうとすることにほかなりません。

次に行とは何でしょうか。いま述べた願望を出現させるための行い、いわゆる三業《さんごう》（身に行うことを身業《しんごう》と言い、口に言うことを口業《くごう》と言い、心に思うことを意業と言います）の修行にほかなりません。外に現れたものは三業というように区別されますが、結局のところ、すべて一つの心が発動したものです。その心が迷えば、迷いの世界を見、迷った行いを行いますし、その心がさとれば、清らかな行いを行い、浄土を建立します。あたかも悪漢が悪者の集団を作り、義人が義勇の集団を結成するようなものです（この義勇の集団で言えば、主荘厳*2にあたるのは、徹底して義勇と誠実の心にあふれた中心の人物です。その周りにいる人々も、同様に全身義勇心にあふれた忠魂をもっているにちがいありません。そして彼らが逍遙するところは、どこもかしこも義勇に満ち満ちており、その行うところは、彼らの触れるもののすべてが義勇に関わっています。その門内に入れば、義勇の風が吹き、義勇の香りが漂っています。人々の顔を見れば、義勇心にあふれていないものはありません。これは義勇の境地が成就した場合の一端です。極楽浄土の成就もここから推し量ることができるでしょう）。「随其心染即世界染、随其心浄即仏土浄*3」ということの詳細は、『維摩経』の「仏国品」に明瞭に説かれています。ぜひそれを見てください。

願と行の結果得られる徳については、簡単に説くことはできませんが、要するに、どれもこれも皆、限りがなく、量ることができないもの、不可思議なものと言わざるをえません。この願と行の結果得られる徳の一端を取り出して論じてみましょう。

願の内容は量りがたいものですが、結局、自利と利他、共利の三種に分けることができます。自利の願というのは、その結果として主荘厳の徳が生じるものです。仏の光明・寿命などの徳に関するものがこれです。[4] 次に利他の願は、その結果として眷属荘厳の徳が生じるものです。眷属の光明・寿命の限りないことを願うといったことがこれです。[5] そのうちとくに、いっさいの有限者をおさめとり、引き受けるという願が、他力教にとってはもっとも重要な願です。第三に共利の願というのは、主と伴（眷属）の両者が居住するところであり、国土清浄《しょうじょう》[6]、純善無悪、妙楽円満などの徳を願うのがそれです。

このように願の因が自利、利他、共利と三様であるのに応じて、その成果にも主荘厳、伴荘厳、国土荘厳という三者があります。安楽国土の荘厳は、本願心より起こることを了解してください。その実際については、いわゆる唯仏与仏、つまり仏だけがそのことを知りうるのであり、無限霊妙の境界です。われわれ有限者が量り知るところではありません。ただわれわれの知見の範囲内でそれを比喩的に言い表しますと、次のようになるでしょうか。いま一つの君主国家が目の前にあって、主荘厳の君主がおり、伴荘厳の家臣がおり、そして主と伴がともに享受する国があり、互いにむつまじく、たたえあって、輝かしく美しい情景を作りだしているとしますと、いくらか安楽・清浄の世界を彷彿とさせるように思われます。有限者の領域でさえこのようなことが考えられます。無限な安楽の国においては、もちろん主と臣とではその荘厳を異にするでしょうが、しかしその内心のさとりはまったく平等で同一であり、無限の霊妙を完全に具えているでしょうし、国土の荘厳もまた無限であらゆるものを具えており、清潔で明澄、心は和らいで喜びを覚え、不可思議な様子を呈していると言えましょう。そのありようは、仏陀もまた具えることができないと賛嘆せざるをえないほどのものです。

願	自利的	主荘厳	衆生世間清浄*7	果
	利他的	伴荘厳		
	共利的	国土荘厳	器世間清浄*8	

このような願と果とのあいだにあり、実質的な原因としての役割を果たしている修行というのは、どういうものなのでしょうか。これもまた限りなく、量りがたく、きわめて不可思議なもので、われわれがとうてい言い表すことのできないものです。しかし強いてその要点を言い表して、身業・口業・意業の三大不可思議業と言っています（これもまた比喩的表現であることは言うまでもありません）。『無量寿経』では意業について次のように

述べています。「欲覚・瞋覚・害覚を生ぜず。欲想・瞋想・害想を起こさず。色・声・香・味・触・法に著せず。忍力成就して衆苦を計らず。小欲知足にして染・恚《い》・痴なし。三昧常寂にして智慧無碍なり。虚偽《こぎ》・諂曲《てんごく》の心あることなし。和顔愛語にして、意を先にして承問す。勇猛精進にして志願倦むことなし。もっぱら清白《しょうびゃく》の法を求めて、もって群生を恵利《えり》す[*9]」。身業については次のように述べています。「三宝を恭敬《くぎょう》し、師長に奉事《ぶじ》す。大荘厳をもって衆行を具足し、もろもろの衆生をして功徳を成就せしむ。空・無相・無願の法に住して作なく起なく、法は化のごとしと観ず[*10]」。口業については次のように述べています。「麤言《そごん》の自害と、害彼と、彼此ともに害するを遠離し、善語の自利と、利人と、人我兼ねて利するを修習す[*11]」。

註

＊1　いわゆる三厳《さんごん》のこと。仏や菩薩が智慧や福徳によって身を美しく飾っていること、あるいは仏国土、つまり仏の国が美しく飾られていることを指す。

＊2　「仏荘厳」に同じ。

＊3　「心がけがれていれば、世界もまたけがれている。心が清らかであれば、仏土もまた清らかである」。

＊4　阿弥陀仏四十八願のなかの第十二願（光明無量の願）、第十三願（寿命無量の願）を参照。

＊5　阿弥陀仏四十八願のなかの第十五願（眷属長寿の願）を参照。眷属とはこの願のなかで言われている「人天《にんでん》」、つまり人々と神々のすべてを指す。

＊6　阿弥陀仏四十八願のなかの第三十一願（国土清浄の願）を参照。

＊7　有情、つまり生命あるものの世界。

＊8　有情を入れる器としての世界。つまり山河、大地、草木などからなる世界。

＊9　「むさぼり、いかり、害を加えようという分別作用を生まない。むさぼり、いかり、害を加える作用を引き起こす構想作用を起こさない。色や形・声・香り・味・触れられるもの・思考の対象に執着しない。忍耐の力をもち、もろもろの苦を作りださない。小欲で、足ることを知り、むさぼり・いかり・愚かさに毒されない。三昧の状態に入り、つねに静寂で、知恵にとどこおりがない。いつわり、こびへつらい、事実を曲げるような心はもたない。和らいだ顔をし、おだやかな言葉を語り、相手の意を先にして、その要求を満たす。強く精進し、その志・願いを成就することに倦まない。もっぱら清浄潔白な法を求め、すべての人々に対して恵みと利益を与える」。

＊10　「三宝を敬い、師や年長者に仕え、大切にする。福徳と智慧の大いなる荘厳によってもろもろの修行を完全に成し遂げ、もろもろの衆生に功徳を成就させる。すべての事

象は空であり、差別の相はなく、願うものは何もないという三昧の境地にあって、何のはからいも行わず、すべての存在は仮に現れたものにすぎないと見てとる」。

＊11　「粗悪の言葉によって自分を、他人を、また自他を害することを遠ざけ、正しくよい言葉によって自分と他人を、あるいは自他をともに利するように努め、行う」。

三一　三種の荘厳

三種の願心（自利・利他・共利）に応じて三種の荘厳があることは、論理上の必然であると言ってよいでしょう。いま視点を転じて、さらに別の観点から説明しますと、三種の荘厳は、万有の成立にとって必須なものであると言えます。なぜかと言いますと、そもそも万有は一つの有機的な組織をなすもので、それらのあいだには主伴互具という関係が成立しています（『宗教哲学骸骨』の「有機組織」、「主伴互具」の項を参照してください[*1]）。この主と伴という区別は、相対差別の観点から言われるものであり、絶対平等の観点からは、両者の互具ということが言われます。そしてその絶対と相対は不即不離という関係にありますし、平等と差別とは不一不二という関係にありますから、両者を全体として主伴互具と言うわけです（あるいは主伴互融と言ってもかまいません）。

この相対差別と絶対平等という二つの面の円満成就のありようを、器世間清浄、衆生世間清浄と言うわけです。そのうち、相対差別の衆生世間清浄の方は、さらに二つに分かれ、一つは主荘厳に、もう一つは伴荘厳になります。差別という観点に立つとき、必ず主と伴とが生じざるをえないのは、差別の差別たるゆえんと言わざるをえません。

三種の荘厳は、この平等・差別、絶対・相対という二つの面において、徳の円満成就したあり方を具体的に示したものにほかなりません。徳の円満成就が、この三種の荘厳を超えるものではありえないことは、必然ではないでしょうか。

無限の徳
- 平等（絶対）――国土荘厳――器世間
- 差別（相対）
  - 主的――主尊荘厳
  - 伴的――伴属荘厳
  - ｝衆生世間

｝清浄

（天親菩薩[*2]の『浄土論』に、「二十九種の功徳、三種の荘厳、二種の世間は、一つの法句に収められる。その一つの句とは清浄である」と言われています。これによって考えてみてください）。

註

＊1　『現代語訳　宗教哲学骸骨』二一一頁以下参照。

＊2　世親（ヴァスバンドゥ）。四―五世紀頃の人。無着（アサンガ）とともに唯識思想を唱導した。

三二　浄土

二月二十八日

浄土と言い、極楽と言い、安養と言い、あるいは楽邦と言うなど、その名前は異なっていますが、どれも先に言いました二世間、三荘厳のことを言ったもので、主と伴がない世界のことを言ったものではありません。無限の願心に自利と利他、共利の三者があるわけですから、その成就の果報に主・伴・国土の三者が必ず具わっていることはもちろんであると言わざるをえません。ただそれを簡単に名指す際に、共利の果報である国土によってそれを言い表したと見なしてよいでしょう。

そうであるとしまして、ここで一つの疑問が出されるかもしれません。果たしてこの三種の荘厳は具体的な形をもち、ある方位に歴然として存在するのかどうかという疑問です。この場ですぐに答えるとしますと、「そうです」と言うほかはありません。しかし、もう少し詳しく言いますと、そもそもこの三荘厳は無限の果報であり、われわれ有限が推測したり、考えたりできないものです。ただ、すでに自利・利他・共利という三つの因となる願があるわけですから、それに応じて三種の果報があると言わざるをえない必要性があります。しかしこれはもともと有限界の言説を超越した、捉えがたい境界です。それについて説こうとしても窮せざるをえません。進むにも窮し、退くにも窮するところです。そのために、やむをえず有限界の最高のものによって比喩的にそれについて論じうるにすぎません。したがって、かの無限の捉えがたい境地が有限の言説の通りであるとしますと、誤謬を免れないことを知ってください。要するに、われわれがわれわれの言説によって事柄を指し示したとしても、それはただ、われわれの境界に対応した形で事柄を認めたにとどまるのです。事柄の真相を、それによって尽くしたとは言うことができません。

　仏教で一水四見ということを言いますが、それはこうした事情を比喩的に言い表したものです。われわれが水とするものを、天界に住むものは瑠璃であるとし、魚は自らの住処とし、餓鬼は火とすると言われます。この四つの見解のうち、どれが正しく、どれが誤っているのでしょうか。一つも正しくありませんし、また一つも誤っていません。それぞれ、その境遇に相応した観点から言いますと、すべて正当と言うことができます。しかし、もし自己の所見で他を律しようとしますと、いずれも誤謬に陥らざるをえません。これを行業果報（行いとその報い）の不可思議と言います。かの四つの見解をもつ心霊は、それぞれ過去の行いの因によって現在の境地をその果報として受け取り、その果報としての境遇に応じて、水と認めたり、瑠璃と認めたり、住処と認めたり、火と認めたりするわけです。これはただ不可思議と言うほかはありません。強いてその理由を求めても、どうしてそれを見いだすことができるでしょうか。有限の境界においてさえ、以上見た四つの異なった見解があり、一概に推し量ったり、論じたりすることはできません。ましてや、無限の捉えがたい境地を、有限の言説で説き尽くすことはできません。どうして不可思議ということを忘れることができるでしょうか。

このような事情ですから、かの捉えがたい境地について、形や姿があるとか、ないとか、あるいはどの方位にあるとか、ないとか論じるのは、目の見えない人が色について云々するようなものです。もしわれわれの信仰の必然性から、われわれに相応の知見に基づいて、かの境地を仮に想定しようとするのであれば、それを有形とするのも、無形とするのも、それぞれの知見に基づく限り可能である言えます。どうして一概に決めてしまう必要があるでしょうか。ただ行業果報が不可思議であることを忘れないでください（これに基づいて『無量寿経』の楽邦（安楽）について論じたくだりで、アーナンダの質問に対して仏陀は行業果報の不可思議をはっきりと述べられました。[*1]この言葉は、一見したところでは重要性をもたないように見えますが、しかしこの楽邦（安楽）について論じたくだり全体に対する註釈と言えます。ぜひとも注意しなければなりません）。（先に「心が清浄であるのに従って、仏土も清浄である」という言葉を引きました。これもあわせて考察すべきです)。(なお「生即無生」[*2]のくだりも参照すると、益するところがあるでしょう)。

註

＊1 『無量寿経』に、「行業の果報不可思議ならば、諸仏世界もまた不可思議なり」と言われている。

＊2 『無量寿経優婆提舎願生偈註』(『浄土論註』)巻下、解義分「三 観察体相章」参照。

三三 伴属荘厳

三種の荘厳のうち、国土荘厳と主尊荘厳とは、その由って来たるところを知ることができます。というのも、有限の世界にも心とその対象(主観と客観)とがあり、それに等しいと考えられるからです。しかし伴属荘厳だけは、無限界の特別な事象であり、有限界にそれを見いだすことができません。というのも、有限界では、あれとこれとが個々別々に存立していて、どちらかが引き下がるということがないのが実相だからです。一つの有限をどれほど詳しく調べてみても、それはそれ自身のなかに他の有限を容れる必然性を具えていません。それに対して無限では、これとはまったく逆に、一物もその範囲外にあることを許しません。その故に、有限は、たとえその数がどれほど多くても、すべて無限のうちに包括されざるをえないのです。無限の主尊のうちに無数の伴属がなくてはならない根本の理由はこれです。

しかし、もちろん伴属は伴属です。主尊それ自体と同一ではありません。主尊から言えば、まったく異なった別の存在です。別個の心霊です。そうであるとしますと、その出処はどこなのでしょうか。その由来は何なのでしょうか。この問題こそ、ここで論究しなければならない問題です。そしてこの問題は、実に、他力の教えのなかでもっとも重要な問題であると言えます。

まず伴属荘厳の由来について考えてみましょう。これは、因の一つである利他的願望から生まれ出てくる結果です。そしてこの因の一つである利他心は、ほかならぬ願の主体による対外観察から生まれ出てきたものであり、いわゆる大悲、そして摂化という方便が現れ出てくる本源から発したものです。つまり、大悲方便の目的はどこにあるかと言いますと、まさしく迷いの世界のいっさいの心霊をおさめとり、引き受けて、自家の、あるいは同一集団の伴属たらしめようとする点にあります。いわゆる教化《きょうけ》[*1]の本源、救済の大目的である迷いの世界の無数の心霊こそ、まさに伴属荘厳が生じてくる出処です。伴属荘厳の因と果とは、大いに考究しなければならない問題です。

伴属荘厳――利他心――迷いの世界の心霊

註

＊1　仏となる資格をもつように教え、導くこと。

三四　有限の信心（華開蓮現）

三月一日

伴属荘厳の由来・出処については前節ですでに論じました。そしてこの荘厳の因と果とは、無限が早くにその段取りを決めたものです。先に述べた方便の三つの段階のうち、とくに第二段階、第三段階[*1]はこのことにほかなりません。いま第二段階の有限の信心について簡単に述べたいと思います。先に挙げました蓮の華の喩えで言いますと、この信心は、蓮の華が開いたところに新しく生じる蓮の実そのものです。そもそも蓮の華の生長は、他の多くの生物と同じく、実から華が開き、華のなかに実を結び、次から次へと展開していって、次第に繁殖をするものです。無限の開発もそれと同じです。最初に一つの無限が開発・成就しますと、それがその因果のなかに他の有限の開発・成就を包摂し、その増上縁によって開発・成就する無限もまた、他の有限を開発・成就させ、次から次へと導いて開発にとどまるところがありません。あたかも蓮が次から次へと転生して、繁殖が止まないようなものです。ただ蓮は有限の生をもつものですから、一定の期間が過ぎれば、古い蓮は次第に枯れ、消え去っていきます。しかし無限はその名の如く、無限の生をもつものですから、このように死んだり、消滅したりすることはありません。それぞれの意向と楽しみに従って（還相回向として）姿形を変えて現れるのです。両者のあいだにはこの差があります。しかしこの開発・成就はどのような仕方で次から次へと続いていくのでしょうか（蓮の生育を、無限の開発・成就ととても同一にできないことが、ここで明らかになります）。先に少し暗示しましたが、無限の願・行は、そのうちにいっさいの有限の願・行を包摂すべきことは言うまでもありません。しかもそれは、有限の有限的な願と行ではなく、無限な願と行とを包摂するのです。つまり、いっさいの有限がそれぞれ無限へと開発・発展しようという願と行とをおさめ尽くすのです。もしそうでなければ、無限の願・行は、真の無限の願・行ではありえないからです。

　ここにおいて疑いを提出しないではおれないことが一つあります。有限各自の無限な願・行がこのように他によって包摂されているとしますと、有限は早くにそのことを知っているはずです。しかし実際には、そのようなことはないように思われます。現にいっさいの有限が、それぞれこのことを知っていないだけでなく、無限な願・行を覚知しているわずかの者も、他によっておさめとられていることをまだ知っていません。それぞれ、自らがそれを起こしたと思っているのではないでしょうか。各自その身に得た願・行を他力回向の結果と考えるものは、おそらく百、千のなかに一、二あるかなきかではないでしょうか。疑いというのはこのことです。これは、いままで論じてきたことに矛盾するのではないでしょうか。

この疑いには次のように答えましょう。この疑問・非難の趣旨には一理あります。しかしまだ問題の全体を了解していません。無限の観点からの説を聞いて、有限の観点からの説をまだ聞いていないことから生じた誤解だと思います。そもそも有限が急にさとりの道に入るというのは、一言で言えば、自然に、偶然にここに至ったと言わざるをえません(そして「自然に」というのは、前に言ったように、他力ということです)。これは他力門のことに限りません。自力門においても、有限が各自無限性を具えていることを覚知するのは、同様に自然に、あるいは偶然にそうするのです(「悉有仏性」というのはさとった人の教えであり、言説です。有限一般のもともとの信仰ではありません)。

さて、さらに一歩踏み込んで、この自然・偶然ということについて考えてみますと、それが早かったり遅かったりして、時期が定まっていないというのは、そこにある事情が関与していなければ、とうてい理解することができません。そしてその事情というのはほかでもありません。有限各自の業報[*2]がそれです（宿善開発[*3]によって信念がわが身に生まれると言われるのはそのことです）。

註

＊1　第二六節「方便」を参照。

＊2　原因としての業によって、結果としての報いが生じるということ。

＊3　過去に修めた善い種が開き現れること。

三五　有限

三月二日

物がそれぞれその目によって周りの境遇を観察するのは自然なことで、そうでないことは逆にありえません。宇宙内の万象は、本来は唯一の存在であるはずですが、それが、万象それぞれの心鏡に映る姿は別々で、そこに千差万別の世界像が生じます。それは一水四見どころのことではありません。したがって、有限界の万有の組織と無限界の万有の組織とのあいだに大差があることは当然のことです。

先に述べた業報のこと（宿業のこと）も、その一端を示すものと言えます。その問題について解釈を行うために、まず有限全体に関する要点を簡単に述べたいと思います。有限の生涯は有限であり、その始まりと終わりに限界があるのはもちろんのことです。それ故に、過去に遡れば、無数の生死があったことを否定できませんし、未来について推察すれば、やはり無数の流転があるであろうことを拒むことができません。このことを名づけて、はじめも分からないほど久しいかなたの時より未来永劫にわたる流転・輪廻と言っているのです。そしてこの流転・輪廻の連続は、すべて因果応報という鉄則によって支配されています。いわゆる因縁生[*1]の境界というのは、このことです。つまり、一生の行いはその善悪（あるいはどちらでもない）という性質に応じて、優劣、そして苦楽という果報を引き起こします。さらに大小の因果が次々と重なりあって、数え切れないほどの多数の差異を作り上げていきます。これが因縁の世界の実際のありようなのです。その因縁業報の詳細については、いまここでつぶさに論じることはできませんが、仏教書において定説となっている要点だけを挙げますと次の通りです。

・順現業[*2]とは、現世においてその行いの果報を受け取ること。
・順次業とは、次の世において現世での行いの果報を受け取ること。
・順後業とは、さらにその次の世に、あるいはそれ以後の世に現世での行いの果報を受け取ること。

これは、現世の行いが因となって、その果報をどの世に受け取るかによって区別したものです。それぞれの世における因縁生起は、別の説明によらなければなりません。その説明とはいわゆる十二因縁です。

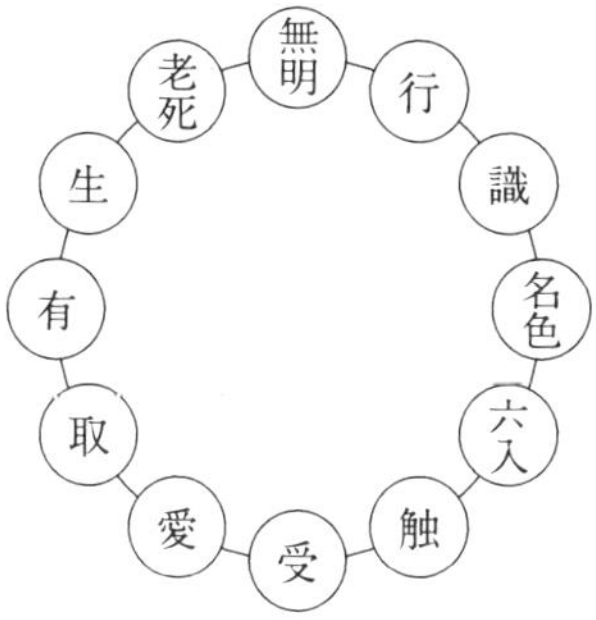

いまそれを喩えによって解説しますと、間断なく業がつくられることは、落ちるしずくが止まらないようなものです。そしてその間にも、生涯のうちにいくつかの区切りが生じるのは、あたかもこのしずくが器のなかにいっぱいになると、その器が上下ひっくり返り、引き続いてしずくを受けるようなものです。そして果報がこの世で受け取られたり、次の世、あるいはさらにその次の世で受け取られたりするという区別があるのは、しずくに油

や水など種々の液質があり、落下の際に、その液質に応じて別々の器に流れ込むと考えるとよいでしょう。液質に区別があるのは、つくられる業に区別があるのに対応します。それが別々に流れるのは、あれやこれやの業に、相互に排斥しあう性質があるからです。同一種類の互いに応じあう業だけが一つになり、一つの生命を作り上げると考えられます。それはちょうど、同類の液が多少にかかわらず同じ器に入り、そこに集合することに喩えられます。

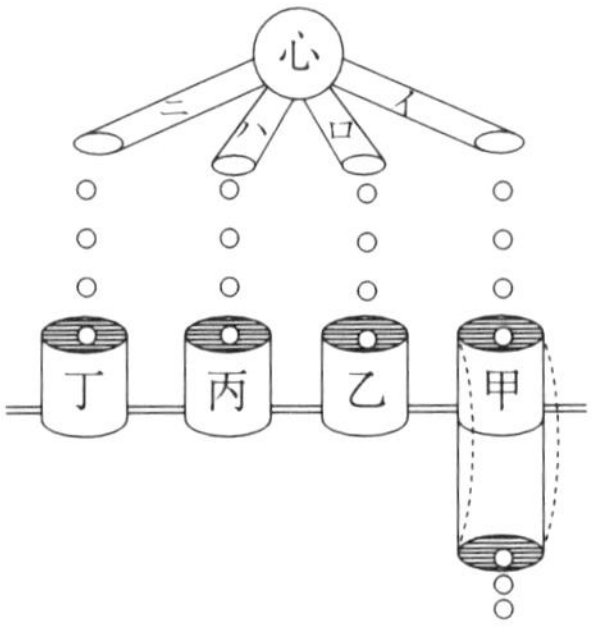

図について註解を加えます。一つの器がひっくり返っているあいだ、他の器はひっくり返らないものとします。またひっくり返った器がその中味を出し尽くしますと、直ちにもとの位置に戻り、そして他の器のなかでいっぱいになったものがあれば、その一個がひっ

くり返り、中味を出し始めると考えるとよいと思います。

註

＊1　先の「因縁所生」に同じ。

＊2　順現受業の略。本文に記されているように、現在の世に業をつくり、現在の世にその果報を受けること。

三六　造業の区別

三月三日

業報については、そのおおよそのことについてすでに前節で説明をしました。さて、業報が生起する衆生の世界が種々の等級に分かれるのは、造業に善と悪、浄と染《ぜん》[＊1]との違いがあることによると考えられます。善と悪の基準については議論が多様ですが、宗教上正確な基準と考えられるのは、無限に向かって進むものを善とし、それに背いて退くものを悪とするという基準です（『宗教哲学骸骨』参照[＊2]）。しかし流転・開発のことを明らかにするためには、造業にさらに浄と染との区別があることを知らなければなり

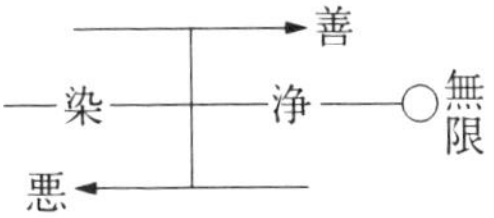

ません。浄というのは、無限を覚知した行いであり、染というのは、それを覚知しない行いです。

業
- 浄（善・悪）　浄、あるいは無漏《むろ》[*3]と言います。
- 染（善・悪）　染、あるいは有漏と言います。

註

＊1　不純なこと。汚れていること。あるいは煩悩を指す。
＊2　『現代語訳　宗教哲学骸骨』五三頁参照。
＊3　「漏」とは煩悩のためにけがれが流れ出ること。「有漏」がそのようなけがれた状態であるのに対し、「無漏」はけがれ、あるいは煩悩を滅しきった状態、けがれのない境地を指す。

三七　煩悩

染と浄との違いは、行いに大いに関係するもので、宗教上もっとも重要な問題の一つです。なぜそうかという理由を簡単に言いますと、宗教の目的は、有限を無限へと開発・展開させることにあります。いわゆる転迷開悟[*1]というのはこのことです。迷というのは、無限から遠ざかる境界ですし、悟というのは、無限に接近し、合一する境界のことです。迷と悟とが分かれるゆえんは、ひとえに無限を覚知するかどうかです。もちろんそれを覚知するかどうかにはかかわらず、善悪という業が原因となって上昇したり、下降したりするということがあります。しかし、これは迷いの世界のなかをあてもなく動くにすぎず、それだけではさとりの境地に達することはできません。無限に向かって進み、一定の程度に達しますと、必ず無限を覚知し、さらに上昇することが可能になります。しかし、もしそれを覚知しないときは、その程度以上に進むことはできません。種々の段階を簡単に示しますと、次のようになります。

不退	見性	見道	初信	歓喜地	賢位
		世第一法	凡夫		

諸段階の順序は、右に示した通りですが、これは液体の温度が一定の程度に達すると、突然沸騰するようなものです。もしその下の層の加熱の状態について検査してみますと、諸段階の違いはそのつどの温度の増加によるだけです（いわゆる煖法《だんぽう》というのは、熱が大いに増加した位だと言われています。比較してみてください）。そして熱の増加は、寒が除かれることによって生じます。寒気がまったく消滅すれば、固い氷も溶けてしまいます（氷と水の喩えは仏法でつねに使われるところです）。

さて、この氷結のもとである寒気は何物なのでしょうか。仏教で言う煩悩がそれです。われわれをこの迷いの世界につなぎ止め、煩悶・苦悩させる故に、そのように名づけられたと考えられます。それでは煩悩とは何物でしょうか。無限を覚知させない暗い心です。仏教で不覚とか、無明と言われるのがそれです。これはもともとはただ一個の愚かな心にすぎません。しかし、ごくわずかの差もやがて千里の違いに至ると言われるように、ついには、八万とも言われる無数の塵労[*2]になります。

いまこの塵労について簡単に述べますと、その数は概算して八万四千と言われています。それをまとめて百八とし、さらにそれをまとめて十使[*3]と言い、さらにまとめて三毒と言います。三毒というのは、むさぼりといかりと愚かさのことです。そのおおもとは、ただ一つの根本的な無明にすぎません。これを有限と無限との関係によって表しますと、そもそものおのの有限には、無限に対する関係と、他の有限に対する関係という二つの関係があります。前者を覚知するのは、先に記した見道[*4]という清らかな信心によります。この覚知は、自ずから、また必然的に、もう一つの有限に対する関係をも包含します。それに対して後者の覚知は、前者の覚知を包摂することができませんから、それだけで存在することになりますが、そうなりますと、事柄を転倒して理解する迷いの心になります。前に述べた有機組織、主伴互具の関係を理解しませんから、それぞれが独立しているという誤った考えをもちます。そして有限界内の他のものに対して、怨敵であり、仇敵であるかのような迷いや誤謬をいだきますし、無限それ自体に対しても反抗の姿勢を示すようになります。そこから三毒が生じるありようを示しますと、左のようになります。

無限に対する覚知
　見道という清らかな信心

無限に対する不覚（ただ有限のみを実在であるとする迷い・誤謬）
　根本の無明

無明
　自分の心に従う対象に対してはむさぼりとなり、
　自分の心に従わない対象に対してはいかりとなり、
　そのどちらでもないものに対しては愚かさになる。

註

＊1　煩悩や迷いを転じてさとりを開くこと。
＊2　心を疲れさせるもの。
＊3　「使」とは、人を追い立てるもの。すなわち煩悩のこと。
＊4　仏教の真理である四諦を観察し、煩悩を断ち切る境位。

三八　無明

さらに進んで転迷開悟の要点について述べるに先立って、迷いの根本である無明について明らかにしなければなりません。もし源泉が明らかでなければ、末流の解明を望むこともできないからです。それはそうですが、無明は有限な知でとうてい説き尽くすことのできないものです。要するに不可思議なものであり（『宗教哲学骸骨』六〇頁、七九頁参照）[＊1]、われわれの説明能力の外にあるものです。ここではただ外から見た限りのものを示しうるにすぎません。

それに実体があるのかどうかという問いを提起しますと、あると言うこともできませんし、ないと言うこともできません。というのも、無限の目から見ますと、それに実体はありえませんが、有限の目から見ますと、それに実体がないと言うことができないからです。要するに、有限の方から無限に対する関係をつまびらかにしようとしても、とてもそれを尽くすことはできないのです。そういうことですから、事物の真相に関して迷うというのは、実際問題として、疑いようのないことなのです。

しかし、無限の方から有限に対する関係を知ろうとするとしますと、その果てまで尽くして、余すところがまったくありません。どこまでも明々白々であり、不明ということがどこにもありません。したがって、無明はここでは有限と無限とのすみずみまで徹底した関係なのです。われわれ有限にとっては、無明は迷いの心のおおもとですが、無限界の覚者にとっては、それこそ万有の本当の真理なのです。無明と真如とが不一不二であるのはその故なのです（有限界では真如と無明とは不一ですし、無限界では両者は不二です）。まず最初に無明業《むみょうごっ》相《そう》があり、そこから転じて能見相、境界相《きょうがいそう》が生じ、さらに進んで執取相《しっしゅそう》、計名字相《けみょうじそう》、業繋苦相《ごっけくそう》＊2に入る、あるいは八万四千の塵労へとおもむくことは、『大乗起信論』によって詳しく見てください。

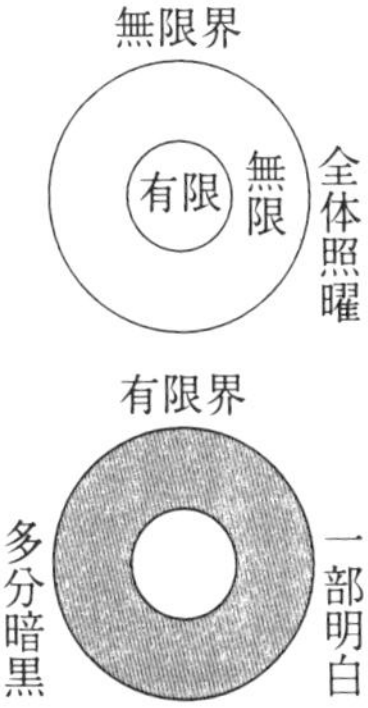

註

＊1　『現代語訳　宗教哲学骸骨』四七頁、五八頁。

＊2　「無明業相」とは、無明によって心が動き、苦の最初の原因が生じること。その心の動きによっていわゆる主観と客観との区別が生じるが、その主観のあり方が「能見相」であり、客観のあり方が「境界相」である。「執取相」とは、対象に執着すること、「計名字相」とは、対象についての判断を行うこと。「業繫苦相」とは、対象に対して行為をなし、その結果によって縛られ、苦を味わうこと。『大乗起信論』「心生滅門」を参照。

三九　迷いと悟り、凡と聖

三月四日

有限と無限との関係を覚知しない（言い換えれば、無限を覚知しない）というおおもとから、能動と受動や我と彼との区別という誤った見解が生じたり、八万とも言われる数えきれないほどの塵労が生じたりします。そうしたものに縛りつけられた境界を迷界と呼び、その住人を凡夫と呼んでいます。それに対して、このような転倒した見解を翻して一掃し、有限と無限との関係を覚知した（言い換えれば、無限を覚知した）境界、あるいはそれ以上の境界を悟界と呼び、その住人を聖人と呼んでいます。凡夫にいくつかの（むしろ無数の）階級があるのと同様に、聖人にもまたいくつかの（無数と言ってもかまいません）階級があります。仏教ではそれを大別して六凡四聖と言っています。あるいは内凡と外凡、賢と聖といったような名称を用いたりしています。そのうち凡夫についていくつかの階級が区別されるのは理解しやすいところですが、聖人に区別があるのはどうしてでしょうか。ほかでもありません。煩悩や妄見に八万とも言われるほど無数の違いがあるように、その習気《じっけ》*1にもまた、八万とも言われるほど無数の差異があります。それを克服し、断ち切る度合いに応じて、聖人にも差が生じざるをえないのです。それを簡単に図示すれば次のようになります。

- 相対
  - 妄界（衆生界）
    - 凡——妄見界 ｛（外凡）（内凡）等｝ 迷界
    - 聖——妄習界 ｛（七賢）（七聖）等｝ 悟界
  - 真界（仏界）——大聖 悟界
- 絶対——真妄是一——凡聖不二——迷悟不離

註

＊1　煩悩が生じたときに、そこに残される余力。煩悩が尽きても、その習慣的な力の方は残ると言われる。

四〇　転迷開悟

宗教の核心をなす転迷開悟というのは、前節で述べた迷と悟とのさまざまな階級において、劣った階級から優れた階級へと至り（凡の方を劣と言い、聖の方を優と言います）、最後に悟界の極点である大聖の位に達しようとすることにほかなりません。その際、自力と他力という二つの立場があることは先に指摘しました。その違いを妄見と妄習という面から説明しますと、自力門は妄見をその枝葉末節の方から取り除き、最後に根幹を切断しようとします。それに対して他力門はまず妄見の根本を取り除き、枝葉末節については自然の消滅に任せます。妄習の排除に関しても、自力門は妄界においてそれを取り除こうとし、他力門は真実界においてそれが脱落するのを待ちます。

四一　他力の信と行

自力門において、惑いを断ち、真理を証することがどのように考えられているかは、ここでは省略したいと思います。本書の主題である他力門の信と行については、いままさにその説明を行わなければなりません。この信と行こそ、前節で述べた妄見の根本を取り除くものであるからです。

さて、その信と行とがどのようなものであるかということですが、それらはまさに、有限と無限との関係を覚知する（つまり無限の大悲を覚知する）ことより生じるものであり、さとりの道の根底に達するものです。すでに悟道の根底に達したものですから、迷界のおおもとを取り除くものであることは当然のことです（というのも両者は両立しないからです）。おおもとの根がすでに取り除かれたとしますと、枝葉末節が自然に枯れて落ちるのは言うまでもないことです。その故に他力門では妄見の断絶や克服については多くを語らないのです。ただ、いま述べた無限の覚知ということは最重要の教義であり、それが続くことは教えの眼目です。これを信行と言っているのです。真覚と真習と言ってもかまいません。

信――真覚――無限の覚知を悟る
行――真覚――真覚の習性

この真覚がどうして迷いの心のおおもとの根を直ちに断つことができるのでしょうか。ほかでもありません。それが無限の捉えがたい働きであるからです。それではこの無限の捉えがたい働きが、どうして有限な心霊のなかに存在しうるのでしょうか。ほかでもありません。顕わな存在となった無限の回向・付与によるからです。他力回向が必然であることは、先の「無限の因果」の節で述べたことから明らかだと思います。

四二　信の獲得と因果

それではこの回向は、すべての有限によって等しく受け取られるものなのでしょうか。有限による信の獲得についての因果との関わりにおいて、回向を受け取ることができないものがいることを知らなければなりません。もしそうでなければ、いわゆる他作自受[*1]という誤った教義に陥ることになります。

いま正当な因果関係、つまり自作自受によって信を獲得するゆえんについて論じたいと思います。そもそも前節で述べたような無限の真覚というものを受け取るためには、そのための明白な基礎がなければなりません。それはどういうものでしょうか。ほかでもありません。有限が限りなく長い過去の流転中に蓄積した宿世の善根こそ、この大いなる、そして無限な信を獲得する基礎なのです。もしそれがなければ、どうして突然、この捉えがたい福に遭遇するということがありえましょうか。

そして過去に蓄積した善の多い少ないについて、それがそれぞれの有限で同じでありうるかと言いますと、もとよりそんなことはありえません。したがって、無数の有限が清浄な信を開発する時期が同一でありえないことは、論じるまでもないことです。しかしこれは無限の徳を損なうものではありません。無限の平等である大悲は、等しく、そして同時に十方世界を明るく照らすのです。しかし有限それぞれの因果が、その瞳を覆い、光明を受けることができないようにしているのです。有限と無限の両者の因果が重なりあって、そこではじめて有限による信の獲得の時期が到来するのです。どうしてそれを否定することができるでしょうか。

＊註

＊1　他の作りだしたものを自分が受け取るということ。

四三　正定不退

三月二十六日

見道位
見性位
悟位
正定地　異名　＋　平生業成
阿惟越致地
歓喜地
等正覚

他力門の信者は、正しい信を獲得して後は、正定聚《しょうじょうじゅ》不退の位に住すると言われます。

正定聚とは、まさに大いなる結果を成就することがすでに定まった人々、つまり宗教上の大安心がまさに定まった人々という意味だと言えます。有限の心身でありながら、直ちに無限の資格があることを自覚する位であり（そのために悟位とか、見道位とか、見性位とか呼ばれています）、宗教の実際面においてもっとも重要な地位であることは論を待ちません。この地位に至れば、将来の大いなるさとりに安心しますから、その喜悦がはなはだ顕著になります（そのために歓喜地と言われます）。また一度ここに至りますと、大いなる結果に至らずに以前の有限な地位に逆戻りするということがありません（そのために不退転地と言われます）。それはほかでもありません。かの無限他力が信者を支え、摂取するからです。さらにこの他力門の正定聚不退転者は、自己の行いにではなく、もっぱら他力の救済に身を委ねるわけですから、現在の地位からかの大いなる結果に至るまでに、数多くの段階を経る必要はありません。この世での生を終えるときに、大般涅槃《だいはつねはん》[*1]というこの上ない結果を獲得します。この点からこの位を見ますと、それはまさに等正覚[*2]の境地（妙覚という無上のさとりの前の位）にふさわしいと言えます。

　さて、この位と関連して、いわゆる平生業成《へいぜいごうじょう》という非常に重要な事柄があります。これは他力門で言う他力摂受の特徴でありますし、大いなる安心・大いなる歓喜がなぜ存在するのか、その理由に関わる重要な教義です。それが何を意味しているかと言いますと、他力門の信者にとっては、その正しい信が決定した以上は、さとりのためにさらに修行すべきものは何もなく、未来の大いなるさとりという事業はすでにまったく完成しているわけですが、その状態を平生業成と名づけているわけです。これこそ、大いなる慶喜の心が持続する根拠となっているおおもとの事柄です。

　これを自力門の信者のありようと比較してみますと、それがいかにこよなき境地であるかが理解されるでしょう。というのも、自力門の信者は、不退位という格別の境地に達したとしても、さらに多くの難行苦行を修めなければ、その上の段階に、つまり妙覚という大いなる結果に進むことができません。そのために、不退位に伴う歓喜も、さらにその前に進むために修行しなければならないという思いに妨害されざるをえないのです。言い換えますと、他力門の不退位は、過去に対してもまたさとりが決定しているという未来に対しても、歓喜を覚える境地であるのに対し、自力門の不退は、退転という過去に関わる憂いを取り除きえただけで、前途にあるさとりに対する憂慮を免れていません。ここに両者の大きな違いがあるのです。

註

＊1　完全なさとりの境地。

＊2　正しいさとりのこと。不退転の信を獲得した正定聚の境地は弥勒のそれに等しいということから等正覚と言われる。

四四　信を得た後の行い

三月二十七日

正しい信が決定したものは、正定聚の位にあり、平生業成の喜びをもちます。したがって自分の成果のためにさらに加えて修行すべきものは何もありません。しかしこの世の生を続ける限り、日夜数多くの行いをする必要があります。この信が決定した後の行いは、宗教上どのような資格を有するのでしょうか。これは一考すべき問題であると思います。

いまその大体のところを述べてみましょう。そもそも正しい信がいったん決定しますと、その思いがつねに心のなかに持続し、少しも止むことがありません。これを純一相続の臆念心と呼んでいます。すでに心のなかにその思いが持続しているわけですから、その内面のものが自然に外に現れるということは当然のことです（心が内にあれば、行外に現れる、と言われる通りです）。すなわち、信者の身・口・意に現れてくる行いはすべて皆、この内なる思いの外に現れ出た働きにほかなりません。

もちろん信者の行いは、つねにこのような清浄な行いであることはできません。なぜそうかと言いますと、無限に長い過去の迷妄的な惰性が現在の生身に影響を及ぼし（過去の経験の結果が現世の身体に集積し）、清浄な行いの持続を妨げるからです。したがって、正しい信が決定した後の行いは、あるときは清浄な、そしてあるときはけがれたものになります。両者が交錯して一定しない状態が生まれます。

いまこのことを有限と無限との関係に即して簡単に述べますと、通常は、有限はそれぞれ独立なものだと思い、我と彼、これとあれという観念を忘れることができないわけですが、いったん無限に向かいますと、主伴互具の関係が明瞭となり、それを覆い隠すことができなくなります。そしてこのいったん明瞭となった関係は、つねに持続し、未来永劫にわたって消滅することがないわけですが、有限は孤立しているという過去から長く続いた習慣的思考は、なお惰性的な力をもち、つねに主伴互具の関係を覆い隠してしまわざるをえないのです。このためにあるときは正しい思い、またあるときはよこしまな思いが生じてしまいます。つまり現世においては、正しい行いとよこしまな行いとが相乱れ交錯して一定しないのです。

四五　信を得た後の風光

信を獲得することによって得られる利益はきわめて多岐にわたりますが、一括して言うとすれば、宗教の目的を達成することによって、信者の心の底に大いなる安心と喜びとが生じるのがそれであると言えます。慶喜とか、歓喜とか言われるのがそれです。この喜びの心はいったん生じますと、長く継続し、断絶することがありません。無数の〔個別的な〕場合に現れ出て、信者の一生を悠々と楽しむものにするのもこの喜びの心です。

しかしこれは事柄の一方だけを見て、まだ他方を見ていません。他力による摂取という浄の面に対して、宿年の習気によって襲われるという染の面を見ていません。勢いを潜めていた煩悩が、ふたたび正念、つまり正しい信心を打ち破ろうとするときがありますが、そのときにはつねに清浄な心が勢いよく沸き上がってきて、信者にすでに極楽界のなかにいるのだという思いを抱かせたり、あるいは自らすでに真正の大覚であるという思いに住するようにさせます。いわゆる、

「有漏の穢身〔けがれた身〕は変わらねど、心は浄土に住み遊ぶ」[*1]

また、「信心喜ぶその人を、如来と等しとほめたまふ」[*2]

などの意にちょうど符合するものです。

しかし信心が固まった修行者も、必ずしもすぐに完全に仏陀となり、つねに浄土に住するのではありません。自力門において大いなるさとりを得た人もまた、さとりの後の修行が完全でないあいだは生身の仏陀ではないのと同様に、他力門の信者も、金剛のように堅い信心をもつとしても、もし煩悩がもつれあうように起こり、邪念が勢いを盛り返すよう

なときには、外道や悪魔に似ることがないとは言えません。ただ「貪瞋（むさぼりといかり）の煩悩はしばしば起これども、まことの信心は彼等にも障へられず（妨げられることはない）。顚倒の妄念は云々[*3]」という聖なる言葉をわきまえて、心身を安静にし、つつしみ深く、用心するのみです。

註

＊1　親鸞『帖外和讃』八。

＊2　親鸞『浄土和讃』に次の句がある。「信心よろこぶそのひとを／如来とひとしとときたまふ／大信心は仏性なり／仏性すなはち如来なり」。

＊3　『浄土真要鈔　本』に次の言葉がある。「三毒の煩悩はしばしばおこれども、まことの信心はかれにもさへられず。顚倒の妄念はつねにたえざれども、さらに未来の悪報をばまねかず。かるがゆゑに、もしは平生、もしは臨終、ただ信心のおこるとき往生は定まるぞとなり」。

原文

他力門哲学骸骨　目次

一　宗教　133
二　無限　137
三　有限無限、、、　138
四　根本の撞着　140
五　有限の外に無限あり　141
六　自他力二門　143
七　（有限は無我なり）　144
八　因縁所生　145
九　自覚の一致　146
一〇　開発（活動）　150
一一　補訂　152
一二　心霊　155
一三　智情意　156

一四　三用の階級　157
一五　心霊開発　158
一六　万有心霊　161
一七　無限無数　162
一八　無神論有神論　163
一九　一神論多神論　164
二〇　汎神論万有開展論　164
二一　自利利他〔上〕　166
二二　自利利他〔下〕　167
二三　自利利他及び方便の必然　168
二四　救済の必要　169
二五　自力他力　171
二六　方便　174
二七　無限の因果〔上〕　178
二八　疑難　180
二九　無限の因果〔下〕　184

三〇　願行成就（無限の因果）　189
三一　三種荘厳　192
三二　浄土　193
三三　伴属荘厳　195
三四　有限の信心（華開蓮現）　197
三五　有限　199
三六　造業種別　202
三七　煩悩　203
三八　無明　205
三九　迷悟凡聖　207
四〇　転迷開悟　208
四一　他力信行　208
四二　獲信因果　209
四三　正定不退　211
四四　信後行業　213
四五　信後風光　214

他力門哲学骸骨

一　宗教

宗教は何物なるや。其の定義区々に一定する所なきが如し。曾て『宗教哲学骸骨』の英訳あるに際し、数者を列挙したり。今之を復載すれば左の如し。

之を要するに、区々の定義其の言説甚だ多様なりと雖も、其の目的とする所にありては、彼此一様に、皆安心立命を求むるを以て極致とするにあるが如し。是れ即ち宗教の本相を示すものにして、亦た其の必須不可欠の要事たるを説くものなり。今其の本相の成立を検するに先だち、宗教の必要を一言せん。

宗教が何故に必須不可欠の要法たるや、他なし。其の目的とする所の安心立命とは、他の雑多の要法と同じく、抜苦与楽の要事なればなり。蓋し吾人の生活上の実際に於ては、何を以て業務とするか、皆離苦得楽の事にあらざるはなし。故に苦を抜き、楽を与ふるの方法は、其の何たるを問はず、皆以て吾人必須のものなりとす。農商工芸の技術より、政治、教育、文明の諸務に至るまで、其の最後の目的は、皆吾人の苦痛を減抜して、吾人の歓楽を増与せんとするものにあらざるはなきなり。果して然らば、今宗教は則ち吾人社会に於て、実に必須中の必須件、不可欠中の不可欠業と云はざるを得ず。何となれば、吾人の歓楽苦痛なるものは、其の数千種万様なりと雖も、其の要全く精神的の現象なるが故に、今其の精神の本源に就て、安心立命の大楽を与ふる宗教は、是れ則ち必須不可欠の要法なりと云はざる可からざるなり。

夫れ然り、宗教は此の如く必須不可欠の要法なり。然るに、吾人動もすれば、此を誤了し、宗教を以て全く好事家の一業の如く看過するものあるは、是れ果して何と云ふことぞ。宗教家其の人の開導足らざるに起因する処なりと雖も、而も世人自ら迷盲の謗を免るゝこと能はざるなり。若し夫れ、宗教にして好事家の一業ならんか、彼の政治、法律、農、商、工芸、尚然りと云はざるを得ず。是れ豈に事理を解するもの ゝ言ならんや。宗教の世に功を立つる少なき、豈に偶然ならんや。

又更に一謬あり。宗教の人心を感化し、社会の勢力なることを認め、以て政治上の一機関となさんとするものあり。是れ亦た誤了の甚だしきものなり。何となれば、目的たるべき宗教を以て、手段たるべき政治と其の所を変へんとするものなればなり。蓋し政治は外形上の事に就て、吾人の苦痛を去り、吾人に歓楽を与へんとするもの〻一なり。而して宗教は内心の不安を除きて、心源より大安に住せしめんとするものなり。其の何れか本、何れか末、固より智者に待たざるべきなり。然るに之を顚倒して、冠を履にし、履を冠にせんとす。是れ即ち虻蜂両失するものにあらずや。政治も其の本領を全うせず、宗教も其の大益を施さゞる、豈に当然ならずや。

彼の宗教を以て不開時代の遺物、開明世界の厄介物なりと云ふが如きに至りては、是れ全く宗教の何物たるを解せざるのみならず、猥りに妄想を逞しうして、社会の事物を攪乱せんとするもの、其の言甚だ有害なるが如しと雖も、此の如き妄言は、今日些かの眼識あるもの〻傾耳する所にあらざれば、別に排撃を要せざるべし。

畢竟するに、宗教は社会の大必須不可欠要法なり。而して其の効用は夫れ干将莫邪の剣の如し。之を活用する亦た名手を要す。若し夫れ不明の沃児をして之を弄せしめんか、毫も成効なきのみならず、或は社会的の大傷を起さん。有眼の士、豈に注意せざる可けんや。宗教の目的此の如くにして、其の必要亦た此の如し。此より其の要素を討尋せんとするに、亦た其の目的、抜苦与楽の考究より始めん。

抑〻苦楽は原本の感情にして、解釈し得べきにあらずと雖も、今其の由て生ずる状態を尋ぬるに、苦痛の生ずるは、内心と外境と適合せざる場合にあり。歓楽の起るは、内心と外境と能く適合する時機に限る。故に吾人の生活が、有限なる範囲内に止まる間は、到底安心立命の大楽ある能はざるなり。何となれば、諸行は無常、有限の境界は其の大なると小なるとを問はず、早晩遂に変動を免れざるが故に、一種の境遇に対して精神を適合するも、其のもの変じ去れば、亦た歓楽随つて消散せざるを得ざるなり。之を例するに、茲に一珠玉を得て之を愛重する、其の歓楽甚だ多なりと雖も、一朝破壊の不幸に遭遇せんか、歓楽忽ち消散して、却つて愛惜の苦痛を止むるに至る。又仮令破壊の不幸なきも、他に更に一層珍美なる宝珠あらんか、愛玉者の情として、必ず此を厭ひ、彼を欲するの苦痛に迫られん。是れ僅に一例のみ。而して吾人の現前に来往する境遇、皆全く此の類なり。此の中焉ぞ安心立命の大楽あらん。故に安心立命の大楽を欲するものは、有限の範囲を去りて、無限の境遇を求め、之に対して精神の適合を求めざる可からざるなり。果して一たび無限の境遇に対して安心せんか、此の境遇は永久不変にして、涅槃寂静、嘗て動転の煩累なきが故に、其の歓楽亦た永続不変にして、如何なる苦境の来投することあるも、能く之に対して精神の安泰を全うせしむるに至る。所謂抜苦与楽の真相、是に於てか瞭然たるを得べし。

二　無限

　安心立命は無限の境遇に対して精神を適合するにあること、略〻明らかなりとせん。次に、其の無限の境遇とは如何のものなりやを尋ねざる可からず。空間上に無限なるものか、時間上に無限なるものか、将又性質上（徳性上）に無限なるものか。曰く、無限の属性に於て無限なるものなり（スピノザ氏の天帝に似たるか）。時間を問はず、空間を問はず、徳性を問はず、凡そ吾人精神作用の境遇となるべき一切の点に於て無限なるもの、之を略称して無限の境遇（或は単に無限）と云ひたるなり。然り而して、今哲学上の通常なる最大範疇に就て之を云はゞ、主観的に無限にして亦た客観的に無限なるものなり。更に宗教的に之を名づくれば、自利的に無限にして、亦た利他的に無限なるものなり。之を略して智恵に於ても無限にして、慈悲に於ても無限なるものなりと云ふ。而して諸他の徳性を包括するの意を示さんとせば、之を称して尊体と云ふ可し。故に宗教上精神の対境となるべきもの、之を称して悲智円満の尊体と云ふ。阿弥陀仏とは之に対する梵語なり（阿弥陀仏とは無量寿光覚者と云ふ意なり。無量寿とは、慈悲円満の表号にして、無量光とは智慧円満の表号なり。又仏とは最尊の称号なり）。

宗教上精神の対境となるべきものは、万徳円満の無限尊体なること略〻明らかなりとするも、此の如き尊体は、果して現実に存在するものなるや、将又単に観念上の理想に止るものなるやと云ふに、固より現実に存在するものならざる可からず。而して之が証明を為すの理論は、彼の有名なるデカルト氏所立の三証中、特に実在学上の説明に於て、今日に至るまで未だ一の完全なる駁説あることなし。取りて以て前問の答弁と為すに足る（今之を略す）。而して更に次に簡明なる一説を挙げて以て補充とす（有限あれば無限なかる可からず云々）。（『宗教哲学骸骨』第二章「有限無限」の項、参照すべし）。

三　有限無限

有限あれば無限なかる可からず、無限あれば有限なかる可からざるは、猶ほ相対あれば絶対なかる可からず、絶対あれば相対なかる可からず、又差別あれば平等なかる可からず、平等あれば差別なかる可からざるが如し。其の他、依立自立、部分全体等に就て見るも、亦た然り。共に、甲あれば非甲なかる可からず、非甲あれば甲なかる可からざる論理に由て成立するものなり。夫れ此の如く、有限無限の存在は、甲非甲の論理に拠るものなりと雖も、通常所謂甲非甲の式に循ふものと同等あらざるを知る可し。何となれば、通常の所謂甲非甲の式に循ふものは甲非甲相寄りて一全体を成し、甲は其の一半、非甲は其の他半を成すものなれども、今有限無限は之に異なり、乃ち無限は其れのみにて全体をなし、有限は其の部分を成すに過ぎざるなり。他語以て之を云はゞ、通常の甲非甲は二者同等の資格を有すと雖も、有限無限の場合に在りては無限は有限と其の資格を異にするを見る。即ち無限は有限の上位に在るものなり。

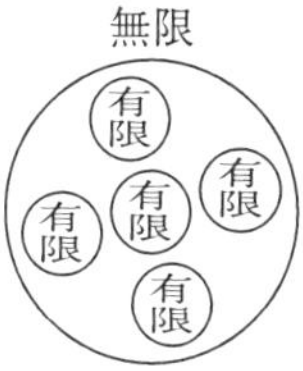

図に就て解釈すれば、色非色、或は心非心の如き同格の場合にありては、二者相依りて万有の全体を成し、而して色或は心は其の一半、非色或は非心は其の他半を成すものなり。然るに今之を有限無限に合せんか、色も有限、非色も有限なり。心も有限、非心も有限なり。色非色合して無限、心非心合して無限と云ふべきなり。

四　根本の撞着

無限存在の証明は前段に於て略ゝ明らかなり。又有限無限の関係は、通常の甲非甲の関係に異なることも亦た略ゝ判然たり。而して更に有限無限の関係を瞭然たらしめんとする〔に〕、有限と無限とは、其の体同一なること、並びに有限は無数なることを指摘せざる可からず。抑ゝ無限は其の外に一物の存するを許さゞるものなり。何となれば、若し夫れ一物ありとせんか、其の物は無限と別異なるが為には、無限と限界せられざるを得ず。即ち謂ふ所の一物と無限と限界あるは、是れ無限に限界ありとなすものにして、無限を有限となすものなり。是れ無限の意義に背反するものなり。故に、若し無限の意義をして正当ならしめんとせば、有限は無限の外にあるにあらずとせざるを得ず。無限の外になしとせば、其の体無限と同一なりとせざるを得ざるなり。然り而して、一箇の有限は無限と同一なる能はず、千万の有限も無限と同一なる能はず。無数の有限ありて初めて無限と同一なりとするを得るが故に、無限其の物の存在する以上は、有限は無数に存在すと為さゞるを得ざるなり。

無限有限同一体にして、無数の有限実存すとせんか、茲に更に幾多の問題の考究すべきあり。而して其の第一着に現前するは、根本の撞着なり。何をか根本の撞着と云ふ。多一の撞着、可分不可分の撞着等是なり。先づ多一の撞着とは、一は多にあらず、多は一にあらず、而して一は多ならざるを得ず、多は一ならざるを得ず。即ち有限は多数なり、無限は唯一なり、而して有限無限同一なりと云ふ。是れ一即多、多即一なりと云ふものにあらずや。次に、可分不可分の撞着とは、可分は不可分にあらず、不可分は可分にあらず、而して可分は不可分、不可分は可分ならざるを得ず。何を以ての故に。有限は可分なり、無限は不可分なるが故に。是れ亦た前同様の撞着なり。否、啻だ是等に止まらざるなり。有限無限は同一体なりと云ふが、抑〻根本の撞着なり。絶対相対、自立依立に就て云ふも亦た然り。

之を要するに、有限無限の対立に於ては、根本の撞着存在するものなることを明知せざる可からざるなり（カント氏悟性の背律と云へる、ヘーゲル氏の実在は非在なりと云へる、皆此の根本の撞着に外ならざるなり）。

五　有限の外に無限あり

先には、無限の外に有限有る能はずして、有限無限は其の体同一なりと論定せり。然るに、根本の撞着あるが為に、有限の外に無限ありの新論定を生ずるを見る可し。即ち有限無限其の体別異なりとの背説を成立するに至るなり。其の論理は次の如し。先には、無限を基想として立論したるに、無限は限界を許さゞるが故に、其の外に有限ありて無限と限別すと云ふ能はざりしなり。然るに、今転じて、有限を基想とせば如何。有限は其の体限別あるものにして、限別の存せざる無限と同体たる能はざるなり。故に無限なるもの存すとせんか、其の体は有限の外に在りと為さゞる能はざるなり。是れ全く先の同体論に背反すと雖も、其れが為め二者を軽重偏廃すべからざるなり。全く根本の撞着より随起せる一段（従属）の撞着たるに過ぎざるなり。蓋し、有限と無限と其の観念に於て撞着を含蔵するが故に、先に無限を基想として論定したるものは、一種の断案となり、今有限を基想として論定したるものは、又一種の別断案たるものなり。故に無限有限其の体同一たると同時に、有限の外に無限の存在することを知らざるべからざるなり。

『維摩註』（二二）「肇曰、彼岸《ハ》涅槃《ノ》岸也、彼涅槃豈崖岸之有《シヤ》、以㆔我異㆓於彼㆒故《ニ》、借㆑我謂㆑之耳《ト》」。有限の外に無限ありと云ふの意、亦た以て推すべし。

六　自他力二門

前段論じ来るが如く、有限無限の二者に就て、其の体同一なると、其の体別異なるとの反説存するが故に、茲に宗教に於て、自力門他力門の二者を生起するに至るなり。是に於て亦た哲理宗教との区別を弁知すべきなり。哲理は此の如き反説の両立を許さゞるなり。故に二者を討究して終に契合せしめんとし、其の論弁停（休）止する所なし。然るに宗教は其の内に就て、或は一を採り、或は他を採りて之を信仰するが故に、茲に初めて実践の基趾を得るに至る。而して有限無限其の体一なりと信ずるものは、現前有限の吾人にも其の内部に無限の性能ありとなすが故に、自力を奮励して此の潜的無限能を開展せんとす。是れ自力門の宗教なり。然るに、有限の外に無限ありと信ずるものは、在外の無限に無限の妙用を認むるが故に、此の無限の妙用に帰順して、其の光沢に投浴せんとす。是れ他力門の宗教なり。二門の性質容易く説明し難しと雖も、其の基想より転起するの源流は、略ゝ此の如し。

七 (有限は無我なり)

宗教中の最高なりと称せらるゝ仏教の原理に、諸法無我の真理あり。是れ有限の成立に対する根本の誤謬を排撃するものにして、或は常耳を驚かすことなきにあらず。今其の至理を略論すべし。抑ゝ有限は其の存在に限界なかるべからざるが故に変易にして、無限は其の存在に限界あるべからざるが故に不変易なり(若し有限にして不変常住なりとせんか、是れ其の存在に限界なしとするものなり、豈に矛盾の説ならずや。又若し無限にして無常変易なりとせんか、是れ其の存在に限界ありとするものなり、豈に亦た矛盾の説ならずや。故に無限は常住不変にして、有限は無常変易なりとせざる可からざるなり)。然るに、通途の所謂我なるものは、常住不変の一体を指すものなり。此の如きものは、是れ有限中に存在すべからざるものなり。今夫れ仏教の所謂諸法とは、所有の有限を云ふものなり。此等有限の中には、常住不変なるものあるべからざるが故に、諸法無我なりと言はざる可からざるなり。果して然らば、彼の所謂造業感果(善悪業感)の事、如何にして説明し得らるゝや。若し因果応報の間に、一体の継続して造受の行を作すものなしとせば、彼の所謂業報なるもの、誰か之を造り、誰か之を受くるや。若し因果感報其の事確立せずんば、修因感果の仏道、豈に全く破滅せざらんや。是れ須らく考究すべきの問題なり。乞ふ因縁所生の道理を略解せん。

二月七日

八　因縁所生

因縁所生は有限界の最大原理にして、其の高妙深遠なること容易に説き難しと雖も、今其の主要の点を概説せば、凡そ有限界内の事象は、皆悉く変易（無常）の法にして、一も常住なるものあることなし（無我）。而して其の変易するや、常に因と縁との二元素ありて、果報を生ずるものなり。図すれば左の如し。

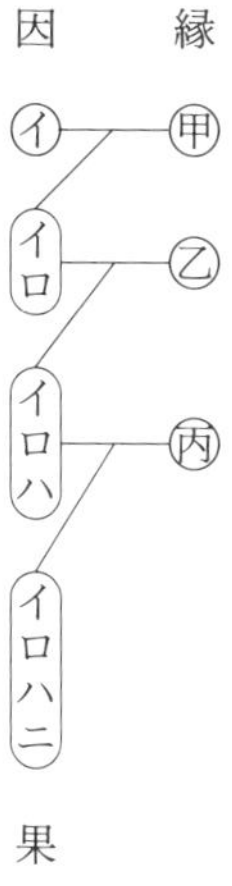

乃ち（イ）なる因あり、（甲）なる縁ありて、茲に（イロ）なる果を結び、又（イロ）なる因あり、（乙）なる縁ありて、茲に（イロハ）なる果を結び、又（イロハ）なる因あり、（丙）なる縁ありて、茲に（イロハニ）なる果を結ぶ。此の如く因縁重連して、永く因果相感の変易を継続するものなり。

而して茲に最も注記すべきは縁なる元素にして、是れ則ち因をして果に転ぜしむるの主動者なり。若し夫れ縁にして誤る所あらんか、忽ち果報の上に其の影響を及ぼして、或は全く因力を破壊するが如き結果を生ずるに至るなり。縁豈に重要の元素にあらずや。次に更に大いに注記せざる可からざるは因果の成立なり。因は(イ)にして、果は(イロ)となり、因は(イロ)にして、果は(イロハ)なりと見れば、因は全く果中に包存せらるゝものゝ如し。固より然るなり。然れども其の此く包存せらるゝや、前の因位にありし其の儘にあるにあらず。一種の他分子と密合して存在するなり。之を喩ふるに一面の撮影を他物中に列して、更に他に撮影したるが如し。前影像固より其の中に存在すと雖も、前の本影が其の体を没して後の撮影に入りたるにあらず。前影は別に存して、而して後影新たに現生せるなり。換言せば、後影は前影を感伝したるものなり。念々無常の変易界中、前後一貫の脈絡通ずる所あるは、蓋し此の感伝作用によるものなり。心識に統一作用の存する、亦た此に外ならざるなり。自覚の一致が前後の心状を貫通統轄する所以は、夫れ此に依るものなり。

九　自覚の一致

二月八日

先に因縁所生を論ずるに当りて、自覚の一致に説及せり。是れ甚だ重要の事項にして、而も一大好問題の存する所なり。蓋し自覚の一致は所謂心霊の特点にして、此に依て一体の心霊が能く其の三世に亘りて、一線貫通、以て因果感応の妙用を遂成する所の根基なりとす。若し夫れ自覚の一致にして欠損する所あらんか、万用万化の因果統一は悉く其の拠を失して、乱起乱滅得て捕捉すべからざるに至る。彼の夢中の象化の如き、正に是なり。夢中の象化は、覚時の象化と等しく、其の現像明瞭、精細、毫も真妄を其の間に発見する能はざるが如しと雖も、一々前後統一の有無を考ふるに至れば、忽ち二者雲泥啻ならざるの間隔あるを見る。是れ他の故あるにあらず。一方には自覚の一致作用整然として前後を一貫し、其の象化をして秩然たる因果的序次あらしむるに反して、他方には此の一致作用の欠失せるが為に、前後の象化、突現忽没、厖々紛乱して、更に順階の追ふべきなきを知る。夢覚の間に於て、夫れ斯くの如し。然れども、夢象は未だ以て全く一致を欠くものにあらず。其の乱紛厖々中、尚多少の統序を見難きにあらざるなり。是れ他なし、夢象は実に覚象の反照たればなり。若し夫れ純然たる厖象にして、全く自覚の一致を欠くものに至りて、其の擾々紛乱の状態、更に幾層の甚だしきあらん。今之を喩説するの道なきのみ(夫れ或は荒天の雲影を以て其の一端に比するを得んか)。之を要するに、自覚の一致は、心霊の根基作用にして、吾人が因果秩序を認知するの源泉たるもの、其の関係最も大なるものと知るべきなり(『宗教哲学骸骨』参照)。

夫れ然り、自覚の一致の重要なること斯くの如し。而して此の作用が如何に有限体に存在することを得るか、是れ亦た精しく考究せざる可からざる所なり。抑〻有限は無常にして、其の挙体転変を免れざるなり。其の間永く前後を一貫して、三世因果（三世には一期の三世あり、刹那の三世あり、別に考究すべし）を包有せしむるものあることなし。如何にして自覚の一致あるを得るや。蓋し其の作用は永久のものにあらずして、只若干時の期限に統一を施すに過ぎざるや。吾人の生命は遠く無始の昔よりして、今日今時に連亘せるものにあらざるや。今日今時より其の修因を積集して、無終の未来に至るまで、其の効果を受用すること能はざるや。果して然りとせば吾人の世界観上大いに考覈せざる可からざるもの、暴湧せん。吾人の生命は幾何時を期限とするや。吾人自覚の一致作用は、何時に始まりて、何時に終るものなるや。其の起るは何故なるや。其の滅するは何故なるや。此等の根本問題よりして、波及する所の実践的問題は、其の数容易に得て尽す可からざらんとす。而して其の結帰する所、吾人の生存をして、茫々漠々、真妄不明、邪正渾沌の迷海に漂泊せしむるにあり。是れ豈に至理の許す所ならんや。若し夫れ此の迷悶を一掃して、満空開豁の快園に遊ばんとせば、有限窟中自覚一致の潜伏せる幽奥を発展せざる可からざるなり。請ふ試みに一鑿せん。

有限変転の状態は、因縁所生の図に於て明らかなり。因果展転の間、一も永久不滅の体質あることなし。而して前状態の現象の後状態に伝はる所以は、全く感伝作用にありと云へり。此の感伝作用は、蓋し是れ自覚一致の潜伏するの導火線なり。其の様如何。曰く、須らく感伝作用の由て生ずる根源を尋ぬ可し。若し有限、全く箇々別々の体質たらんか、決して此の感伝作用ある能はざるなり。之を通伝動感すべきものなければなり。而して既に感伝の事実あり、是れ如何が解すべき。蓋し其の本源に反りて、抑〻有限の真体本相は純乎たる有限箇別のものにあらず、其の実の体性全く無限なることを熟察すべし。体性既に無限ならんか、作用上に其の反照の顕現すること、当に然るべき所なり。乃ち彼此我他の有限は、一見箇々別々のものゝ如しと雖も、其の内実、同一体の無限にして、彼の作用は此の作用に相応じ、我の動静は他の動静と相感ずること、豈に何の怪しむべきあらんや。彼の自覚の一致こそ、最も此の同一本源相当の作用たれ。箇々殊別の動作は、却つて同一無限の体性に反するものたるなり。双手五指、其の活動相応合して整備する所以は、他なし、唯一心の指命に出づればなり。彼手此手、彼指此指の間に在りては、夫れ感伝応動と云ふべきのみ。

一〇　開発（活動）

二月九日

前節自覚の一致を説明するに当りて、有限は純乎たる有限にあらずして、其の実全く無限と同一体なることを云へり。是れ更に新義を開展するの端緒たるものなり。若し有限にして全く無限と同一体たらば、無限も亦た全く有限と同一体たらざる可からざるなり（是れ先に既に一言せる所なり）。故に有限無限は、共に各表裏二面を具するものたるなり。然れども、表裏の言たる唯だ一比言に過ぎず。若し其の実際を観察せんとせば、甚だ領解し難きを見ん。是に於てか、一の最重要なる事項の熟知せざる可からざるものあり。何ぞや。曰く、万有開発（活動）の事是なり。抑〻宇内万有は、皆各〻開発活動の事象にして、一も静止停息するものあることなしとは世上一種の命題たり。是れ実に万化の普遍なるを看破したるの言にして、甚だ重要の考説なり。然るに此の如き活動万化は、抑〻如何のものたるや。今其の本源に就て之を論ずれば、蓋し是れ有限無限の一体表裏の関係を明示するものに外ならざるなり。夫れ有限無限は一体表裏のものなりと雖も、若し開発活動の事実の之を表明するなかりせば、其の関係容易に領解す可からざるなり。又若し有限無限一体表裏の関係存在せずば、万有開発の事実其の論拠を得る所なきなり。蓋し二者は、相寄りて宇内の実相を吾人に覚知せしむるものたるなり。今其の概略を述べん。有限は吾人其の有限たるを知るも、其の無限たるを知る能はず。無限は吾人其の無限を考ふるも、其の有限たるを考ふる能はざるなり（是れ表裏と云ふも比言に過ぎずと云ふ所以なり）。唯だ彼の論理の必然によりて、有限無限同体表裏の根本的撞着を認むるに至るのみ。然るに、茲に実際の事実なるものあり、鶏の卵を産し、卵の鶏を生ずるを示す。卵の卵たるを知るに止まりたるもの、其の亦た鶏を生じ得るを知り、鶏の鶏たるを考ふるに止まりたるもの、其の亦た卵を産み得るを考ふるを得。而して是れ有限界内の事に過ぎずと雖も、既に一定形の観念を破りて形体開展の事跡を認了せしむるに足る。是より万有を点検すれば、宇内の万象一として変転動化のものにあらざるなきを領解し、更に進んで変転の本、動化の源を尋ぬるの止むを得ざるに至る。果して変転の本、動化の源を推探せんか、有限の変転動化は、進んで無限の開展転化の思念に入らしむるあり。而して無限の開展転化は他にあらず、有限の無限に進み、無限の有限に化するの二者に外ならざるなり。有限果して無限に進み得るか、其の体純乎たる有限にあらずして、亦た無限たるなり（卵の隠然として鶏たるが如し）。無限果して有限に化し得るか、其の体純乎たる無限にあらずして、亦た有限たるなり（鶏の卵を懐くが如し）。是に於てか、単に理論上の事項、茲に実際上の証象を得て、其の成説寔に明確なるを得るなり。而して彼の実際の象化は、此の理論の説明に合して、其の成立益〻精瞭なるを得るに至るなり。果して上論する所の如くならんか、吾人は有限無限に対して、茲に開発展化を宣言せざる能はざるなり。曰く、有限は寂然たる有限にあらずして、変化活動の体なり。其の開展の極は、無限に進達するにあり。曰く、無限は湛然たる無限にあらずして、展転変化の体なり。其の発動するや、現じて有限の万象に表るゝあり（仏教には流転門、還滅門と云ふ）と。乞う、其の論拠を詳言せん（以下補訂の論を加ふ）。

一一　補訂

二月十日

先に有限無限は同一体にして、有限を表とするものは裏に無限性を具へ、無限を表とするものは裏面に有限性を具へて、有限無限は一体表裏のものなることを説けり。然るに、此の説尚未だ尽せりと云ふ可からざるなり。何となれば、是れ只静的の説明に止まりて、其の動的説明に達する能はざればなり。其の様如何。曰く、是れ有限を表とし無限を裏とする一静体あり、無限を表とし有限を裏とする一静体あり、乃ち二個の静的別体ありとするものゝ如き観に止まるなり。今之を図解せば左の如し。

有限  無限　　　無限  有限

是れ固より真正の解にあらずと雖も、只如上の説明にて止まらば、其れ或は此の如きに解了せらるゝあらん。若し夫れ然りとせんか、同一体の言、不適切なりと云はざる可からず。何となれば、図の如きは、全く二個の別体なりと云ひ得らるればなり。之を強ひて同一体と断言するは蓋し不当と云はざる可からざるべし。然りと雖も、彼の同一体の言は、此の如き意義にあらずして、真乎に二者同一体なりと云ふものなり。決して其の均等に不足あることを認めざるものなり。故に今之を図解せば、左の如くならざる可からず。

有限  無限　　　無限  有限

是れ別に前図解と大差なきが如しと雖も、決して然らざるなり。見よ、此の図解の如くならば、上者と下者とは、全然同一物にして、二物にあらざることを。即ち上者を其の儘に一転すれば下者となり、下者を其の儘に一転すれば上者となるなり。乃ち唯だ一個の物体を取り、先づ之を図して上者を得るとせんか、別体を求めず、唯だ之を一転して図すれば、下者を得るにあらずや。之を前図に求むるに決して能はざるなり。「有限  無限」を一転すれば「無限  有限」を得るのみ、「無限  有限」を得る能はざるなり。「無限

⌒有限」を転ずる亦た然り。「有限⌒無限」を得るのみ、「有限⌒無限」を得る能はざるなり。

之を換言して論ずるに、前図は未だ転化の事項を要とせざるものなり（転ずるも益なきなり）。而るに後図に至りて、転化を以て寧ろ其の大要義と為すものなり（転ずると転ぜざるとによりて、有限無限の大差を呈すればなり）。乃ち有限は無限と同一体なり。而して今や有限を表とし無限を裏とす、必ず転じて無限を表とし有限を裏とすることなかるべからず。又若し今無限を表とし有限を裏とするものは、転じて有限を表とし無限を裏とすることなかるべからざるなり。果して然らば、有限無限真に同一体たらんか、転化は其の必然的発動なりと云はざるべからざるを知るべし。是れ即ち、有限無限同一体の動的説明を成弁するものにして、則ち前の静的説明を扶翼して、其の真意を開闡するものなり。而して吾人の活動云為は勿論、宇内万多の象化は、皆悉く彼の転化の成分に過ぎざることを思へば、転化の重大なること、実に言語の及び難き所あるを推知すべし。乞ふ、次下少しく之を考究せん。

（次に心霊開発に先だち心霊を論ず）

一二　心霊

二月十五日

心霊とは吾人各自の如きものなり。言辞を以て説明せんより、各自の内観実察を催すを適切なりとす。今は唯だ由て以て観察すべき縁緒を提示せんのみ。抑〻吾人は彼此他我の関係中に繋在して、常に外物と対関するものなり。是に於て二条の考ふべき路あり。一は、彼他より此我に対して為す所の作動、二は、此我より彼他に対して為す所の動作なり。

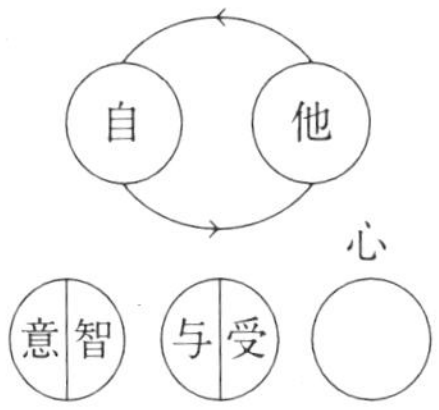

第一を感動或は感覚と云ひ、第二を発動或は行動と云ふ。此に依りて心霊に二面の体装を認め得可し。一は受動的にして、一は与動的なり。或は能動的所動的と云ふも可なり。心理学者は智的意的とも云ふ可し。而して智意の二用に通じて、心霊の最も著しき特性あり。情是なり。今其の大本に就て之を云はゞ、苦楽の二者なり。是れ常に彼の智意の発作に随起するものにして、其の外見的説明は、彼の智意二作用発現の状態に就て云ふの外なきなり。乃ち二用にして、外物に対する関係其の適合を得れば、茲に快楽の情を感じ、之に反して二者の外物に対する関係其の適合を得ざれば、茲に苦痛の情を感ずるものなりとす（外刺に対する心力の分量によりて、苦楽

を判定せんとするは、未だ尽さゞるものなり。心力は外刺の分量のみならず、其の性質によりても快苦を異にするなり。又単に外刺と云ふも不可なり。智のみにあらず、意にも亦た快苦の伴ふあればなり。今は仮に内外二者の対立、或は関係に於て、適合不適合と云へり）。

一三　智情意

二月十六日

前段に於て心霊の特能は智情意三作用なることを説けり。今仮に、近世解剖上の成績を以て之を比解すれば、夫れ神経には求心性と遠心性の別あるは、脊髄前後根の考究に就て

顕然たるが如し。而して神経には繊維と細胞の二者あり。何れとも単行複重容易に得て究了し難しと雖も、畢竟するに上図の如く略掲するを得可きなり。蓋し、細胞は繊維の行走間、何処にも充散し、又細胞相寄りて中心団を為すの所にありても、繊維は其の間に充塡して、彼此の関絡を為すと雖も、要するに、繊維は内向（求心）的、或は外向（遠心）的に伝道作用を為し、細胞は其の本末何れの箇所に存するも、共に中心的の官能を為すものたりとす。是に於てか、神経組織に三大本元作用あることを見る。所謂

㈠求心作用（感覚作用）
㈡遠心作用（意行作用）
㈢中心作用（感情作用）

三者共に単複其の度に於ては千差万別なりと雖も、之を要するに、第一類は所謂智力作用にして、第二類は所謂意志作用、而して第三類は所謂情緒作用なるものなり。

一四　三用の階級

智情意の三用に、単純複雑の度に応じて各階級等差あり。而して其の等級無数なりと雖も、今通途の智力の四段に就て、図示すれば左の如し。

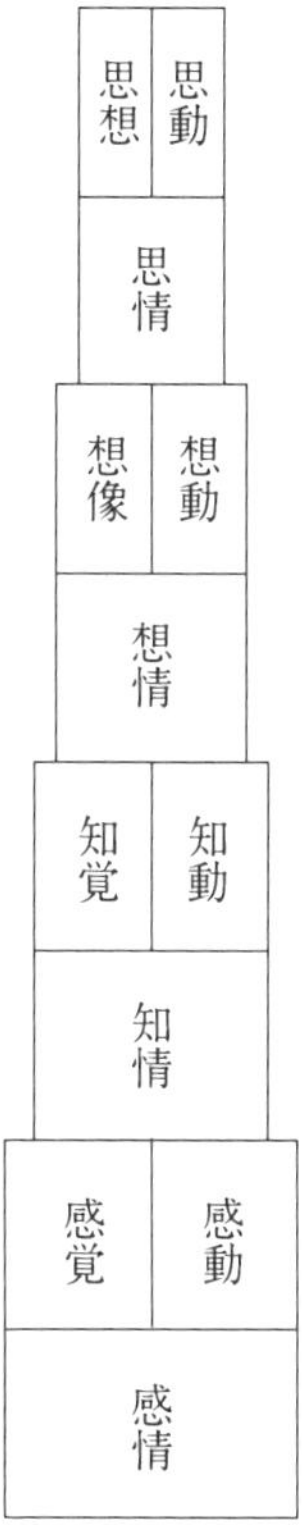

通途には、情意に等級を精説せざれども、今論理上の関係を明瞭ならしめんが為に、悉く之を配示せり。又智と意の差別は、智意と情との区別に異なるが故に、異様に図したる

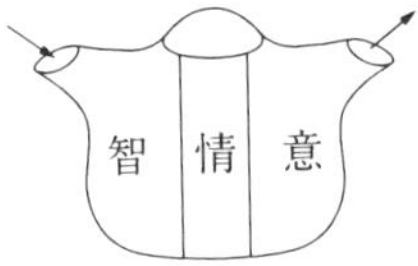

ものと知るべし。固より心体は唯一にして、心用亦た一條なるは勿論なれども、其の中自から三用の別あり。之を例するに、茲に一心用ありとせんに、智の方面には之を感覚とせば、情の方面には感情にして、意の方面には感動たるべきなり。其の他類推すべし。

一五　心霊開発

二月十八日

心霊には、皆各〻前節所表の如き階級を具へたるや、或は其の階級に於て種々の不同あるやと云ふに、心理学の研究する所によるに、蓋し後者なること疑ふ可からざるなり。果して然らば、如何にして此の如き不同あるや。他なし、其の開発の度に種々の差等あればなり。

抑〻心霊の開発は、之を略言せば、彼の智情意の作用が、前段図示せる階級に於て、下等より漸次上等に進行するにあるなり。少しく其の模様を解釈せば、所謂下等の作用は、箇々別々の能動及び所動にして、其の諸用は彼此の関係甚だ疎漫なるのみならず、時に大いに争闘或は背反するが如きを見る。然れども、進んで上等の作用となれば、彼此の動作が互に相関係連絡して、容易に分離隔別し難きのみならず、先に争闘背反するが如く見へたる作用が、全く其の性質を同じくして、畢竟同本の異枝たることを證明するに至る（一例を挙げんか、煙の上ると雨の下るは別々の作用にして、其の性質全く反対のものなりとす。是れ一段の認識なり。然れども、学理の指導によりて、其の原奥を考究すれば、何ぞ図らん、彼も此も共に物質の引排作用の現象に過ぎざるを知る。唯だ一は他と其の比重を異にするが為に、上となり、下となるの表相を呈するに過ぎざるのみ）。

夫れ此の如く心霊の開展は個々隔離の物象を統制して、同一の本源に帰入せしむるなり。而して本源より本源に溯りて、其の極は最上究竟の本源に到達せしむ。是れ所謂大覚なり。然り而して、此の如き開展の段次に於ては、啻に層々高遠の本源に達するのみならず、翻つて亦た諸多枝条の脈絡連関を闡明して、各個の事象に幾多勝前の価値を有せしむるに至る（前例に就て之を云はんに、煙の昇る、雨の降るには、各〻若干の価値ありしなり。然るに、茲に之を統轄して物質牽排の本源に帰入せんか、一段高遠の新思想に二者を連絡せしむるのみならず、彼の煙昇雨降の現象をして、従来曾て無かりし価重を有せしむるあり。何となれば、煙昇の一現象は、前には只其の自己一現象のみの価重に止まりしに、今や牽排作用の価重を其れ自身に荷負するのみならず、彼の全然正反対の敵象と認め居たる降雨の現象迄を収羅し来りて、自家同属の兄弟的現象とし、其の価重を合せて自家の価重に加ふに至る。恰も敵人の真相を対尋し来るに、全く肉親の兄弟にして、曾て我が障害と思ひ居たる勢力は、今や転じて我を庇保するの援勢助力となれるが如し。更に雨降の現象より見るも亦た同轍なり。此の例を推して考究すれば、宇内万多の勢力、今や我に敵する仇讐の如くなるもの、亦た皆悉く我を益するの従僕たるを認知するに至るべきこと、予め推知すべし)。(『骸骨』「主伴互具」参照)(百毒の長たる酒精も、其の真相を究めて利用すれば、百薬の長となり、貪瞋癡の煩悩も、之を活用すれば、衆生済度の利器となる。『円覚経』に「淫怒癡是菩提」と云ひ、『維摩経』には「若至㆓博奕戯処㆒、輒以度㆑人」と云ひ、「入㆓諸婬舎㆒、示㆓欲之過㆒」と云ひ、「入㆓諸酒肆㆒、能立㆓其志㆒」と云ふが如き、皆以て脱落し来れば、百千の煩悩悪業亦た毫も怖畏すべきにあらず。活転一番、以て修道の資とするに足ることを説明して余あるを見る。若し夫れ大覚達了して、以て万有を統制し去るに至れば、活殺自在の大位量を有して、八万四千の煩悩を縦横無尽に運活し了するに至らば、豈に何の苦悩か是れ有らんや)。

無明の無体なること、此の辺に於ても略〻推想すべし。

一六　万有心霊

宇内の万有は、彼此相関係連絡して存在せざる可からず（関係連絡なきものは、吾人其の存在を知る能はず。此の如きものは、よし之あるも、吾人の知識以外、即ち吾人の認識する万有以外のものなれば、論議の限囲に絶したるものなるが故に、吾人の所謂万有は、皆悉く彼此相関絡したるものたらざる可からず）とせば、万有は皆各々能所の動作を備へたるものなり。而して能所動作の存する、既に智的意的の二用とせば、第三の情的作用も亦た万有各個に存在せざる可からざるべし。何となれば、彼の能所作動には皆亦た適合、或は不適合の場合あるべければなり。既に万有各々に智的意的情的の三用ありとせんか、万有は悉く心霊的のものなりと云はざる可からず。而して其の間に万多の不同あるは、他なし、万有各々其の進化の程度に於て差等あるに由るものなりと云はざる可からず。然らば、瓦石は熟睡せる心霊なり、草木は半睡の心霊なり、人間は半覚の心霊なり、神仏は大覚せる心霊なりと云ふこと、豈に方外の言ならんや。

智あり、意あり、情ありと云ふにあらず。智的作動あり、意的作動あり、情的作動ありと云ふのみなり。乞う熟了せよ。

一七　無限無数

二月十九日

万有は心霊にして、皆各〻開発性のものにして、其の開発の極は無限に達するにあれば、無限の存するや、無数にあり得べしとせざる可からず。将来に固より無数なるべきは勿論、既往に多数あること亦た疑ふべきにあらず。是れ多神教の根基なり。蓋し古来宗教上に一神教、多神教あり。其の所論各〻確然たる原理ありと雖も、当時動もすれば、一神教のみを合理の宗教とし、多神教の如きは或は蒙昧時代の謬教たるが如く看過するものなきにあらざるが如しと雖も、是れ甚だ謂れなきことなり。其の根基を尋ぬれば、多神教も亦た確かに一種の原理を包含するものなり。中に就て、今此の無限無数の原理は、其の最も重要なるものなり。八百万神と云ひ、十方諸仏と云ふが如きも、亦た此の原理の表白に過ぎざるなり。然り而して、無数の無限が如何にして並存し得るやに至りては、或は難解の点なきにあらざるが如しと雖も、今之を簡言せば抑〻万有の真理は、其の体無限のものなり。之を開悟覚了せるものは、各々皆無限たるなり。之を比況するに、彼の天上の月に対する明鏡は、其の数幾何あるも、皆各〻一月を得るが如し。万有の真理其の物一なりと雖も、之を覚了する所の能者は、無量無数不可計なること、毫も通じ難き所にあらざるなり（更に他例は『骸骨』「無限無数」の項参照すべし。四千万頭皆各〻我が大日本帝国と称す。而して毫も互に妨害なきなり）。

一八　無神論有神論

古来、無神論、有神論の争弁ありと雖も、是れ共に宗教原理の一半を解して止みたるの論説、今此の紛擾を一掃するに、彼の無神論は有限あるを知りて、無限あるを認めざるものなり。故に其の弁や固より一理なきにあらず。有限は寔に瞭々たる存在にして、万有悉く一面より見れば、皆有限たればなり。次に、有神論は無限あるを認めたるも、未だ有限に開発あるを知らざるものなり。故に単純なる有神論は、神を以て全く吾人と別類のものとし、吾人の亦た彼の神と同体たり得ることを肯んぜざるなり。然れども、無限の存在は確かに万有の真相なれば、其の理論の堅牢なること、決して抜く可からざるものありて存するなり。然れども、以上の二論は、未だ以て充分の教基たる能はざるものなり。故に見る可し、無神論者も亦た安んぜざる所あり、有神論者も未だ満足せざる所ありたることを。

一九　一神論多神論

一神論、多神論は、其れ幾何の基礎を有する論説なり。即ち先に言ふが如く、無限にして無数あり得る以上は、多神論の原基あること勿論なり。而して一神論の妙趣何れにありやと云ふに、彼の無数の無限は、畢竟其の実唯一無限なるが故に、一神論の原基あること亦た勿論なり。其の様如何と云ふに、彼の無数の無限は、彼此相互に平等均等にして、毫も差異あることなきものなり。仏語にては「仏々平等」と云ふ、「十方三世の無量慧、同じく一如に乗ず」と云ふ是なり。尚彼の万鏡に映ずれども、其の実一月たるが如し。

二〇　汎神論万有開展論

有限無限の関係に対する万有の実相を最も能く説明する所の旧説は、汎神論にあるが如し。乃ち箇々の万有を以て、皆各〻神なり（即ち無限なり）と説くは、是れ正に無限無数の真理を説破し得たるものと云はざる可からざるなり。是れ汎神論が、或は一神論たるが如く、或は多神論たるが如く、或は又無神にも彷彿たるが如き観ある所以なり。然れども、汎神論にも尚欠漏なきにあらず。他にあらず。有限無限の関係に於て、無限無数の原理を表白すと雖も、未だ其の如何にして此の如きやの事情を指示せざるの嫌あり。乃ち万多の有限は、今表面に有限なるものも、開展てふ一事情によりて、無限に展変するものなり。又今表面に無限なるものも、亦た転化てふ一事情によりては、有限に顕現するものなり。汎神論は此の重要なる開発転化の事情を明瞭ならしめざるの憾あるなり。所謂静的の表白に止まりて、未だ動的の指説に及ばざるものなり。若し此等の諸点を充分に表白せんとせば（之を仏書の言句中に求めざる可からず。「草木国土悉皆成仏」と云ふが如き、「色即是空、空即是色」と云ふが如き、草木国土と云ひ、色と云ふは是れ有限なり。仏と云ひ、空と云ふは是れ無限なり。而して一方には皆成と掲げて、動的関係即ち開展の事を明らかにし、一方には即是を反復し、而も色と空との位置を転換して、以て開展に二様あるを示す。然れども、此等各々其の宗義に於て格別の解釈存するが故に、今吾人をして簡単に吾人の説を表白せしめば）、万有開展論と称するを以て満足せんとす（而して其の所説之を欧洲先哲の学説中に求めんか、ライプニッツ氏の原子論（モナドロギー）、ヘーゲル氏の論理系統（ロギク）を以て最も近きものなりとす）。

二一　自利利他〔上〕

抑〻万有の動作は能動所動の二者なること、既に之を説けり。今実際的に此等の動作を観察すれば、自利利他の二用となる。乃ち先に言ふ所の所動（或は受動）は、是れ自利の用にして、能動（或は発動）は、是れ利他の用なり。是れ甚だ一概の説にして、忽ち問難を免れざるべし。何となれば、能動の中にも自利の用あるべく、所動の中にも利他の用あるべきに似たればなり。然れども、乞ふ少しく解説せん。能動の作用は必ずや他に到入せざる可からざるなり。而して到入するものは必ずや他を利する所なかる可からざるなり（若し利する所なきものは、忽ち排斥せられて到入すること能はざればなり）。故に能動の作用は、其の能く能動の性能を成就する以上は、常に利他の用たらざる可からざるなり。転じて所動の作用を推論するに、若し夫れ自己に不利なるものならんか、直ちに之を擯斥して、決して之を受用することなきなり。故に所動にして其の性能を成就する以上は、必ず自己に利ある用たらざる可からざるなり。然れども、吾人は能動が利他にして、所動が自利なりと云ふのみ（肯定命題を主張するのみなり。A）。能動中自利なし、所動中利他なしと云ふには非ざるなり（否定命題を主張するにあらず。E）。又能動中一分の自利あり、所動中一分の利他ありと云ふが如きも、今の所論にあらざるなり（特関命題Ⅰは今の所要にあらず、今は普関命題のAを要とするなり）。

此の如く、自利利他は、万有の能所作動の実際上に於ける正当の用なり。然りと雖も、此の正当の作用に混じて、亦た自害害他の作用ありて、現実実際の人類の活動は、紛擾錯雑、容易に判然観査し難きなり（自害害他の作用とは、自の能動たるべきを他の能動するは、害他の作用にして、自の所動たるべきを他の所動とするは、自害の作用なり。此は事理を誤れる迷乱より起るものなり。人の所持すべきを己に所持せんとし、我が果すべき義務を人の責任とするが如き。以て推考すべし）。

万有各個に能動所動の官能あり。有限の実際的に（即ち所謂心霊上に）自利利他の作用あること、上説の如し。而して更に無限の上に就て之を求むるに、亦た応当の徳性あり。彼の神仏の智慧と云ふは自利の徳性なり。其の慈悲と云ふは利他の徳性なり（智悲の言は唯だ無限に局るべきにあらず。固より有限にも通じて用ゐらるゝなり）。

二二　自利利他〔下〕

万有は上説の如く自他相対し、彼我相関して立つものなり。故に心霊の実際的行為に於ては、茲に自利と利他と自害と害他との四類を生ず。而して自害害他の行為は、是れ事理を誤れる迷乱より起るものなるが故に、正当なる行為は、自利と利他との二種なりとす。今無限に就て之を云ふに、無限は開展覚了の体なれば、迷乱の存すべきなし。故に無限の行為は、自利利他の外あることなきなり。其れ自利の徳性之を智慧と云ひ、利他の徳性之を慈悲と云ふ（此の智慧慈悲の二用は、前の智情に相当するものなり）。此の二徳性よりして実際の行為を生ず、之を方便と云ふ（意に相当す）。

二三　自利利他及び方便の必然

心霊は皆悉く智情意の三用を具ふと雖も、自利利他方便の必然に至りては、無限にあらざれば之を明認し難きなり。蓋し、有限は各々箇別の観に住して、動もすれば、他を以て讐仇にあらずも、利害を異にするものと看做すを免れず。故に自害害彼の弊を脱する能はざるなり。此の状態に於て焉んぞ利他の徳用あるを得んや。然るに無限（或は無限を知覚せるもの）に至りては、彼の箇別の観念は、是れ只一面の表現にして、更に彼我平等一体の一面（寧ろ実相）あることを覚了するが故に、他の痛苦は即ち之を自の痛苦と感じ、他の歓楽は即ち之を自の歓楽と感ずるが故に、自利の全きが為には利他の全きを要し、利他の成就は即ち自利の成就と感知するが故に、其の大智慧は忽ち大慈悲に転じて、茲に摂化救済の大方便を提起するに至る。是れ全く必然的の事項にして、決して然らざる能はざることなりとす。

智慧、方便の必然なること此の如しとせば、今実際上に在りて、既に無限の存在を確信する以上は、必ずや其の摂化救済の事業を仰信せざる可からざるなり。若し之を仰信する能はざるものは、未だ真個の無限に接せざるものなり。世の信者たるもの以て自ら省検すべし。

二四　救済の必要

前段に於て救済の必然を説明すと雖も、是れ無限の方に此の必然あることを示すに過ぎず。然るに、有限の方に於て果して其の必要あるや、否や。若し夫れ不必要の事ならんか、彼の救済の大事業も亦た無限の自娯楽行に過ぎざらんとす。如何。曰く、勿論有限の方に必要ありて然るなり。抑ゝ有限の無限に到達するは、其の内性の無限力を開展するにありと云ふ（所謂仏性を開顕するにありと云ふもの是なり）。然れども、彼の開展の事は、夫れ自然に現起し得るものなりや（固より自然の解釈の模様によれども、今は単に通途一応の意味にて、偶然無助縁にての義とすべし)。決して然る能はざるなり。万有の開展は、皆悉く因縁果の法軌(『骸骨』参照)に従はざる可からざるなり。而して結果の質量は、常に因縁の質量に順ずるものなり。果して然らば、今有限が開展して無限の結果を得んには、必ずや因縁の中に無限〔の〕元素を具へざる可からず。而して因素は則ち現在の有限なり。故に無限は必ず縁素に存せざるべからず。即ち有限の因をして無限の果に達せしむるの縁は、其の用無限たらざる可からざるなり。而して実際の悟道に於ては、或は有限の縁(飛花落葉)に由て得るやの形跡なきにあらざるが如しと雖も、是れ未だ縁の有限なることを証明する能はざるものなり。何となれば、此の如き場合の有限は、其の実無限の表徴たるやも計られざればなり。是に於て、先づ所謂無限の方便を精究せざる可からざるなり。今未だ方便を精究し了せざるも、因の無限開展には、無限の縁の必要なること、決して排すべからざる定理なり。若し仮に有限の縁にて大悟し得るとするも、此の縁用は即ち是れ因に対する救済たること明らかなり。何となれば、此の如き縁なかりせば、因は永く有限の状態を解脱する能はざればなり。

二五　自力他力

二月二十日

宗教に自力他力の二門あり（第六節）。而して其の自力門に在りては、自己に無限の性能ありとなすが故に、自力の奮励に依て大覚せんとするなり。是れ毫も他力を借らざるものなり。然るに、前段〔の〕所陳は一切の開悟に救済を必要とすと云へるが如し。前後の所陳何れが是なるや。曰く、共に是なり。乞ふ其の然る所以を略述せん。先にも云へるが如く、有限の内に無限ありとすると、有限の外に無限ありとするは、背反相容れざる二説にして、其の甲を取るものは同時に乙を取る能はず、其の乙を取るものは同時に甲を取る能はざるなり。然れども、二説は根本の撞着に起因するものなるが故に、其の一を正とし、一を不正とすること能はざるものなり。故に哲学は何れをも取らずして、其の調和の本源に達せんとして、永久に探究に従事するなり。宗教家は之に反して、実際の修証を先とするが故に、或は甲説を取り（自力門を組織し）、或は乙説を取り（他力門を建立し）、各〻其の一門の原理を守りて、他を容れざるなり。然り而して、前節救済の必要を説けるは、是れ既に有限外に無限を認めたる他力門の説系に属するものなり。之を難ずるに自力門の原理を以てするは、全く異門の鍵を弄するに過ぎざるなり。二門未判の地位と、一門確立の地盤を考察せば、決して疑難あるべからざるなり。

論理の必然は、之を聞くを得たり。然れども、吾人に現実に無限性あるや、なきや。若し之ありとせば、他力門の信者とても、同じく現に無限性を有すべきなり。論理上よりは、寧ろ実際の談を聞かんと欲す。仏教に云ふが如き悉有仏性は、是れ真なるや妄なるや。曰く、仏教の悉有仏性、固より真理にして、毫末の妄偽なし。然れども、所謂実際の談に至りては、乞ふ之を一省せよ。無限に関する実際談は、覚者（現実無限）自らにあらざれば、到底之を為す能はざるなり。今、吾、子と共に現実有限なり。此の間に決して無限に関する実際談（現量説）ある能はざるなり。故に（仏陀の我等を教ふる亦た論理を以てす、況んや）吾人相互の談義は、是非とも、論理の軌道に拠らざる可からざるなり。今、子が疑難の如き、現に論理的のものなり。之に対する、亦た論理に訴ふるの外、道なきなり。乞ふ先づ子の無限性ありと云ふ所以の本拠を省察せよ。全く有限無限の関係に於ける論理的観念にあらずや。既に論理的観念なる以上は、現実無限の外在も亦た同じく論理的観念なり。而して論理の必然は彼を取るか、此を取るかの一に決せざる能はざらしむるなり。其の一方を取るものは、論理の指導によりて、悉く有無限性に決着し、他方を取るものは、同じく論理の必然によりて、悉く無無限性の断案に安住す。故に他力門の信者より云はしめば、自ら無限性なきのみならず、一切の有限に無限性あることなしと断言するなり。何の躊躇か之有らん。

論理の避く可からざること、之を聞くを得たり。乞ふ二門を簡択すべき資料を説け。曰く、甚だ説き難し。何となれば、是れ所謂機（聴者）法（教門）の適否に存することなればなり。機根と法門と適合すれば、自然に信ぜられ、然らざれば、終に疑迷を免れざるなり。然れども、今左に少しく二門の外状を対陳せん（内は各門の原理其ものなり）。

機法頓漸

- 自力門には機の不同により開悟に遅速あり。
- 他力門には法の不同により開悟に早晩あり。

- 機の品等は各自に取りては命数的なり。
- 法の品等は各自の選択に順ひて随意的なり。

故に

- 自力門にありては開悟の頓漸不動なり。
- 他力門にありては開悟の早晩簡択自在なり。

難易

- 自力門には悟道の大行、自力の負担に属す。
- 他力門には悟道の大行、他力の負担に懸る。

- 自力の修行は難成難就なり。
- 他力の信行は易受易用なり。

故に｛自力門は難行道なり。
　　　他力門は易行道なり。｝

（註）法の不同とは、仏教に於て、或は弥陀を信じ、或は大日を信じ、或は観音を信ずるが如き是なり。

附｛自力門の修行は専一不撓ならざる可からず。
　　故に　捨家棄欲等は勿論なり。
　　他力門の信行は自然の発動によるものなり。
　　故に　捨家棄欲等の必要なし。｝

二六　方便

二月二十三日午後

方便の言たる、之を仏書常用の語に採る。而して仏書に於ては、此の語の意義に、将た使用に就て、幾多論議の存する所なり。其の最も隔絶せる両義を挙ぐれば、一は方便を以て、虚構詐訛の事とし、一は之を以て直ちに至重の必須方法の事とするなり（「方便即真実、真実即方便」と云ふ是なり）。然るに、何故に斯く天壌相異なる意義ありやと云ふ。其の解釈は甚だ断然たるもの少なしとす。今吾人の解釈、夫れ或は其の暗朦を排除するに少補ありやを覚ゆ。抑〻吾人の方便を説く、彼の無限の悲智運用の大活路とするにあるなり。其の対接する所は、固より有限の心霊たり。是に於てか、識者は既に一団の感発する所あるべし。何ぞや、此の事業の異常なること是なり。蓋し通常の活動は、有限の有限に対するものたり。無限の有限に対するは、宗教外に求むべからざる所の奇事業なり。無限が其の本真実相の儘を以てせんか、有限は到底之を受用する能はざるなり。一段の巧策に依て、以て接化の業をなさゞる可からざるや、論を待たず。是に於てか、真実至誠の妙智を動かし、茲に有限に通接すべきの大活路を設く（所謂善巧方便是なり）。諸教に神仏の化現を雑説する、蓋し此の原理に基くものなり。是れ他力教の第一義にして、此に依れば教相立し、之に依らずば教門開けざるものなり。是に由て方便の成立を探究すれば、方便は無限の真相より出でて、有限の当相を完収せざる可からざるなり。乃ち無限より出でて有限に接し、有限を転じて無限ならしめざるべからざるなり。之を解拆すれば、左の三段あり。

㈠無限之変現――――無限的
㈡無限有限融会――――中和的
㈢有限帰無限――――有限的

無限の変現とは、無限が変じて有限の形式に顕現するなり。有限の形式とは他なし、空間時間の経緯に於ける因果的事業を起して、以て有限通入の門戸を開示するにあり（法蔵比丘の因源果海の徳相即ち是なり）。是れ無限にして有限の外形を示すものなるが故に、所謂詐訛的の仮相と其の観を一にするが如きあり。然れども、吾人の常に所謂詐訛なるものは、有限相互の間に於て、欺妄心より出でて虚相を構ふるものにして、徹底実誠を欠くものなり。此の方便は無限の悲智に発する至真至誠の妙現なり。焉ぞ彼を以て此の善巧に擬すべけんや。夫れ此の如く無限の有限に対する活動に於ては、為に幾何か無限の真相を隠蔽して、事更に一段の変現権化を必要とするものにして、皮相者の誤想を来すが如きありと雖も、是れ只第一段にのみ止まることにして、他の二段に於ては、概して此の如き謬見を来すことなし。然れども、其の方便たるに至りては、決して異変なきなり。寧ろ方便の方便たる真格は、此の二段に在りと云ふを得べし。何となれば、第一は他二段の為の手段なりと云ふを得べければなり。此の手段の義こそ、亦た方便の誤解を来すの一因たるなれ。何となれば、彼の皮相論者は第一のみを見て方便は此に尽くと思ひ、而して其の他二段の為の手段たるを認むるや、方便は即ち手段なりとし、手段は目的に達する為の仮設、其の真偽虚実は一定ならざるも、到底其の範囲内には要素を含蓄せざるものにして、一旦目的を全うせば、急に撤去すべきものなりと云ふ。而して亦た性急の論議に逐はれて、単刀直入的に、始より真実の目的に入り、仮設の手段に依る可からずと唱導するに至る。是れ、方便の第一段は、他二段の為に手段たるの義を解すと雖も、方便の真相を誤るに至りて、大いに甚だしきものと云はざる可からざるなり。蓋し手段と目的とは、相対的の観相にして、其の彼たり此たるが為に、事の真価に軽重を為すものにあらざるなり。今方便の第一段は、第二段の為には手段たれども、第二段は亦た第三段の為には手段たりと云ふべきなり。而して第三段も亦た他に此が目的となるべきものに対すれば、同じく手段たるものなり（法蔵の因源果海は、衆生の信心の為の手段、衆生の信心は、其の証大涅槃の為の手段なり。而して証大涅槃は、衆生済度の為の手段となるなり。往相は還相の為の手段なり）。

手段	目的
(一)無限の因果	(二)有限の発信
(二)有限の発信	(三)有限の証果
(三)有限の証果	(四)無限の済度（即ち無限の因果）

無限の方便によりて、有限が開展して、自ら無限に到達す。到達し了れば、更に自ら方便を起して、他の有限を開展せしむ。此の有限も亦た自ら無限に達せば、更に方便摂化の事に従ふ。此の如く展転して底止する所なく、目的は手段となり、目的は手段となりて、窮止する所なきなり。豈に手段と目的との観相を以て、其の間に軽重を視る可けんや。況

んや其の間に要不を唱ふるをや。寔に皮相の迷謬と云ふべし。

㈠無限の因果——為蓮故華——為実施権——従本垂迹
㈡有限の発信——華開蓮現——開権顕実——開迹顕本
㈢有限の証果——華落蓮成——廃権立実——廃迹立本

㈠無限の因果——蓮破華生——由実設権——従本垂迹
㈡有限の発信——華開蓮現——開権顕実——依迹顕本
㈢有限証無限——華脱蓮成——収権帰実——従迹還本

二七　無限の因果〔上〕

二月二十四日

因果は有限の理法にして、無限は因果を超絶せるものなることは、喋々を要せざるべし（『骸骨』に「絶対と因果」の節あり）。然るに、今無限が因果の形式に表現せんとせば、必ずや、先づ其の無限の本性を棄却せざるべからざるなり。既に無限の品位を棄却して有限に帰せしが、茲に再び無限の願行を成就せずんば、本位の無限に還復すること能はざるなり。是れ願行の因に依て、還証の果を得ざる可からざる所以の原基なり。而して衆生済度の業事、此の間に成弁する理由は如何と云ふに、先に無限が其の本位を棄却するは、抑々何の為なるや。他なし、衆生済度の大悲に起因するものなり。衆生悲憐の為に無上の大覚を棄却し、反つて迷界に投入す。是れ其の無上位の功徳を譲りて、衆生に恵施するに外ならざるなり。此に依て衆生の能く此の功徳を受用するものは、自己の行業によらずして、全く他力の救済に与恵するを得るなり（若し此の如く功徳利益の循環することなしと云はゞ、無限の無上位を棄却せしむるの功徳は、徒滅空消して其の当価を止めざるなり。豈に此の如き理あらんや。目前の事実に就て見よ。茲に一金を投ずれば、彼れ一金の受用あるに非ずや。無上功徳の投棄、豈に代価なくして消滅すべけんや）。然り而して、無限が此の如くして有限に譲与せる功徳は、如何にして其の適当の利益を施すに至るべきや。他なし。無限が其の譲与の意向を開示して、之を十方に明らかならしむると、有限が此の開示を認承して、之を受用するにあり。然り而して、此の如き開示と受用は蓋し相対の事業にして、有限界内の現象たらざるべからざるなり。故に此の事業は、彼の無上位を棄却して展現したる有限が、其の願行に於て、之を開顕せざる可からざるなり。是に於てか、無限譲与の功徳によりて、有限大覚の利益は、彼の展現有限の因果の中に包括せらるゝ所以を知るべし。乃ち彼の展現有限が、元の無限に還復する因の願行に於て、有限救済の本意を発揚する所以は、蓋し此の故なり。転じて他面より之を云はゞ、無限が無限に還復するは、当然のことにして、毫も願行等を要すべきにあらず。然るに無限還復の果に対して、絶大願行の因を成就するは、是れ何の必要にかよる。他なし、此の願行は全く救済事業の為なるなり。此の願行なくして当然の還復をなすのみならんか、是れ無限の自受用法楽にして、毫も利他の効用なきものなり。唯だ夫れ願行あり、故に其の軌道に転じ来れる一切の有限をして、皆悉く他力往生の妙利を獲得せしむるなり（仏教の他力真宗は此の第二解を依用す）。

第一解	無限位棄却の功徳	＝有限救済の利益
	展現有限の願行	＝願行相応の証果
第二解	無限位棄却	＝無限位還復
	展現有限の願行	＝有限救済の利益
例	久遠弥陀	＝十劫弥陀
	法蔵比丘の願行	＝衆生往生の増上縁（即ち他力）

二八　疑難

二月二十五日

方便の事を審聴するに先だち、一箇の質疑あり。他なし、抑〻無限は有限を救済開発するの能力あるや、言を待たざる所ならずや。何ぞ事々しく一旦有限に沈み、更に修因還復して、初めて有限救済の事業を成就すと云ふや。又吾人は有限なりと雖も、自然に無限を認知して、其の救済を信仰するを得べし。何ぞ事更に無限の悲願成就に由りて、初めて聞信の恵に浴すと云ふや。此の二箇の疑義を氷解せずば、方便の説明亦た甚だ傾聴に苦しむ所あり。乞ふ之を詳解せよ。曰く、疑難の大旨未だ前論に了せざる所あるによるか。乞ふ先づ第二難より解かん。疑難に、有限は自然に無限を認知すと云ふ。抑〻自然とは何等の作用なるや。宇内の間に存するものは、有限無限の二者に過ぎざるなり。其の内に於て、有限自己の力用に依るものにあらざれば、無限の力用に依るものならざる可からず。而して有限の力用に依て無限を認知すと云はゞ、是れ所謂自力門の談なり。今吾人は他力門の談中にあり、豈に自力門の義を混ずべけんや（よし自力門中にありても、有限が自力にて無限を認知すと云ふは、審究の上にあらずば了し難き所なり）。既に有限自力の作用にあらずとせば、所謂自然に認知すとは、無限の力用に依て認知することならざるべからず。然らば、自然とは全く他力作用なりと云はざるべからず。是れ即ち吾人が無限の悲願力に依て、有限の信仰を起すと云ふものなり。第二難の趣意は、全く吾人の方便と同一なりと云ふべし。何ぞ疑難とするに足らんや。次に第一難を考ふるに、無限に初より救済の能力あること、固より論を待たざるなり。然るに無限に絶対相対の二面ありて存すること、亦た知らざるべからざるなり。而して有限救済の事に従ふは、正に相対的の面に於て之を云ふものにして、彼の絶対の面に在りては、不動、不作、湛然寂静たるものなり。是れ吾人が先に無限が其の真相の儘ありては、有限は到底之に接近すること能はざるなりと云へる所なり。而して相対的の面に於ては、無限は有限と相対して、之が開発に任当するが故に、有限適当の変現を示して、其の妙用を施すに至る。是れ即ち吾人の所謂方便に外ならず。而も此の相対無限と、彼の絶対と同一体にして、更に分離すべからざることを、本位に還復すとは云へるなり。故に吾人の云ふ所も、亦た畢竟難者の所陳と其の趣を異にせざるを知るべきなり。更に仏教の所談に就て之を対説すれば、絶対無限は凝然真如なり、相対無限は随縁真如なり。凝然真如は其の名の如く、湛然として不作一法なり。随縁真如も亦た其の名の如く縁に随ひて造作諸法なり。今有限の衆生を縁として大悲の方便を垂るゝは、則ち此の随縁真如の妙用なり。流転還滅の二門は、蓋し其の随縁の真相を示すに外ならざるなり。之を以て何ぞ彼の凝然を害せんや。然れども、衆生済度は随縁真如に仍らざる可からざるなり。而して、随縁と凝然とは其の実全く一体なり。還同一致、豈に真如分外の事ならんや。吾人各個が其の涅槃の彼岸に到達するは、是れ随縁万法還元の一部分なり。万法悉く還元し了りて、茲に随縁真如の流転門が、其の還滅門を全うするを得るものなり。而して、吾人各個が必ず大涅槃に到達し得べき証拠は何処にあるや。真如随縁の理に就て、流転門に於て万差と顕現せる諸法は、還滅門に於て同一本元に還帰せざる可からざる必然あるに由るものなり。此の理に依て、自力門には「悉有仏性」、「草木国土悉皆成仏」等の原理を建て、他力門には、無限の因源果海を立つるものなり。

無限 ｛ 絶対――――不変 ／ 相対 ｛流転門・還滅門｝ 随縁 ｝ 真如

流転門に対し還滅門の必然 ｛ 悉有仏性等――――自力門 ／ 阿弥陀仏の因果――他力門 ｝

仏教他力門に、(阿)弥陀の正覚は衆生の往生によりて成り、衆生の往生は(阿)弥陀の正覚によりて就ると云ふことあり。一切衆生往生せずば、(阿)弥陀は正覚を成り玉はず。(阿)弥陀既に正覚を成し玉へるが故に、衆生の往生疑なしと云ふ。今吾人の言にて云はしめば、一切衆生の往生(即ち万法の還元)は、(阿)弥陀の正覚(即ち還滅門の必然)より起る。而して既に(阿)弥陀の正覚(即ち還滅の必然)あり、故に衆生の往生(即ち万法の還元)は、確固不抜なりと言はんのみ。尚他力門には不変真如、随縁真如を法身上に区別して、法性法身、方便法身と云ふ。其の方便法身とは因果的報身仏なり。

真如 ｛ 不変―法身―法性法身―絶対非因果的 ／ 随縁―報身―方便法身―相対順因果的 ｝ 無限

二九　無限の因果〔下〕

二月二十六日

- 無限
  - 因
    - 縁　形式的原因—願
    - 因　実質的原因—行
  - 果

- 有限
  - 因
    - 縁—教、行
    - 因—信
  - 果—証

無限の因果を分解すれば、因と果の二分とす。其の因分中に因縁の別あり。因の発動は、常に縁の刺戟に依ること言を待たざるべし。今無限が相対に顕現して発動せんとする、亦た此が縁なかる可からず。乃ち其の顕現の当時に在りて、其の心面に接し来る所のものは、皆悉く此の縁たるものなり。中に就て、亦た遠近疎親の別ありと雖も、今之を細説するの必要なきが故に、之を略して、暫く其の尤も顕著なるものを指説す。彼の顕現が、正しく発心修道の教化を受くる所の教主なりとす。此の教主の教化に順じて、茲に発動する所の因素に、二者の不同ありて存す。所謂願行即ち是なり。願は即ち形式的因素にして、行は即ち実質的因素なり。是れ心霊的原因の成立に存せざる可からざる所にして、所謂目足の関係を有する所のものたるなり。願ありて行なきは、目ありて足なきもの丶如く、行ありて願なきものは、足ありて目なきものゝ如し。然り而して、願と行とは、諸般の心霊的動作（結局的作用）に通有のものなりと雖も、常途の願行は、是れ有限的のものにして、今此処に言ふ処の願行は、是れ無限的のものなり。其の願望する所も無限にして、其の修行も亦た無限なるものなり。無限の願、無限の行とは如何。曰く、一切心霊の願望と修行とを集めて、一身に荷負する願行即ち是なり。是れ乃ち他力門の起り得る所以の根底なり。何となれば、一方に他の願行を荷負する心霊あれば、他方には其の願行を荷負さるゝ所の心霊なかる可からざればなり。乃ち茲に一心霊の無限の願行を成就することあらんか、其の他の心霊は、よし願を発し行を具することあるも、是れ只彼の無限の願行成就の回施向与に預るものたらずんばある可からざるなり。所謂他力回向の願行即ち是なり。果して此の如き成就は有り得べきや、否や。是れ茲に考究すべき所なり。是れ亦た一條の妙談の存する所にして、特に注意を要する所なり。抑〻無限の願行中には、一切有限の願行を摂取すべきことは之あるべしと雖も、此の如き願行の成就することあるや。若し之ありと云はゞ、無限時の後にありと云はざるべからざるなり。成就にして無限時の後にありとせんか、今日の有限は到底其の恩恵に浴すること能はざるなり。他力門の宗教、全く吾人に効なしと云はざる可からざるべし（真宗『大無量寿経』に、阿難が特に法蔵菩薩は已に成仏し玉へるや、未だ成仏し玉はざるやの問ありて、仏は已に成仏し玉ひて今に十劫なりとの答あり。是れ甚だ軽易なる問答の如しと雖も、其の実、他力門の興廃に関する大問題の存する所なり。因説の終尾、果説の劈頭に此の問答ある所以、以て知るべきなり)。今簡単に此が通釈を為さんに、彼の願行成就が、無限時の後にありと云ふは、畢竟其の成就なしと云ふの曲語たるに過ぎざる義にして、是れ他力門のみならず、自力門の願行、総て無限時の後にあらずば成就することなしと云ふの難にして、畢竟宗教全体に関する義門なるが故に、其の解釈は既に『骸骨』に論明せる所なり。其の要は、有限力を以て無限行を成就せんとせば、全く疑難の如しと雖も、彼の宗教上の修行者は、決して純乎たる有限にあらずして、其の実無限力を具するものなり。されば無限力を以て、無限行を成就するにあるが故に、或は頓なるあり、漸なるありて、一定すべからずと云ふにあり。是れ宗教の全体、即ち自他力二門の何れに於ても、預了せざる可からざる所なり。然るに、今特に他力門に於て、前疑難の解釈あり。他なし、抑〻方便全部の成立に於ては、既に因果の二門を具することを前定するものなるが故に、唯だ因のみありて、果あることなしと云ふ可からず。又果のみありて、因なしと云ふ可からざるなり。因果具足の方便たらざる可からざるが故に、因も無限にして、果も亦た無限なりと雖も、而も妙に因果両立して、偏頗の事あるなきなり。此の妙用を今強ひて仮譬を以て例解せば、左図の如し。

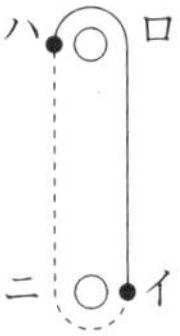

（イ）（ロ）（ハ）（ニ）は連絡せる綱縄なり。（イ）点を（ロ）に進むれば、（ハ）点は（ニ）に達す。（イ）（ロ）の進歩は無限の因に喩ふべく、（ハ）（ニ）の行達は無限の果に喩ふべし。（イ）（ロ）行も（ハ）（ニ）行も共に一縄の回転なり。猶ほ無限因も無限の一徳たれば、無限果も亦た同じく無限の一徳なるが如し。此に由て見れば、因の同時に果ありと云ふも害なきなり。然れども、因は因にして、果は果たり。而して両徳相妨げず、妙に相関連するものなり。（因果は異時とのみ思ふ可からず。正動反動は同時にして因果を相為すと云ふを得べし。仏教唯識に「種子生現行、現行薫種子、三法展転因果同時」と云ふことあり。此等は皆同時の因果なり）。更に卑近の例解を取らんか、飲食の因によりて成長の果を得るは、是れ原因結果なり。然るに、飲食の事全く了りて後、成長の事初めて現るゝにはあらざるなり。飲食の同時に成長あり。然れども、飲食は是れ因にして、成長は是れ果なり。因は前にして、果は後なりと云ふは、論理上の必然のみ。実際時間の前後は必とする所にあらざるなり。又同類の一例を挙げんか、勉業して工匠とならんとするに、勉業全く畢りて、初めて工匠の果を得たりとするは、概言のみ。真相に就て云はゞ、勉業一歩すれば、一歩工匠となり、二歩すれば二歩、三歩すれば三歩と、比例的に因果相生じ

つゝあるなり。之を極微に分析して云ふも、勉業一極微すれば、一極微工匠となり、二極微三極微も亦た同じ。之を換言すれば、刹那々々に勉業工匠の因果あるものにして、畢竟同時の因果と云ふを得べきなり。更に彼の原因の成立を考究すれば、其の一元素に結局的原因なるものあり。是れ何物なりや。他にあらず、最終目的の観念が原因的の功用あるを云ふに過ぎざるなり。乃ち結果の観念が原因の一元素たるものにして、所謂展転因果なるものなり。之を図すれば上の如し。

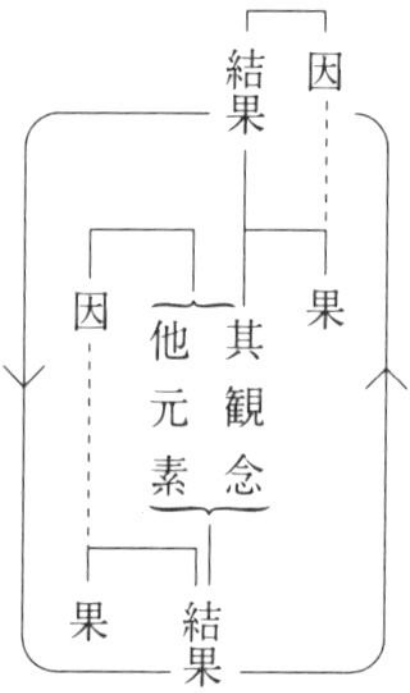

東京に行くは、結果たるべき目的なり。然るに、此の目的の観念、即ち東京行の思想が、東京に行く旅行の刺戟力となるなり。

以上解説するが如く、因果同時に両存するを得る以上は、因はよし無限時の後にあらずば完了せずとするも、已に果徳の顕現せる以上は、因願已に成弁せりと云はざる可からざるなり。特に他力門に要とする処は、此の果徳の確認にあるが故に、毫も解し難き処あるを見ざるなり。

三〇　願行成就（無限の因果）

二月二十七日

方便の第一（無限の因果）は、願行（因）と其の成就（果）との二なること、前段解説するが如し。其の願とは何ぞや、自利利他の大道心より起れる願望にして、自利の為には、已に万徳を円満せんとし、利他の為には、一切万霊をして各〻万徳を円満せしめんとする希望に外ならず。所謂極楽浄土、或は安楽世界の建立、即ち是なり。此の浄土世界の成立に就ては、主、伴、境界（即ち所謂仏荘厳、菩薩荘厳、国土荘厳）の各々万多の徳相を具へて、無尽無窮なりと雖も、要するに二利円満の徳相を構設せんとするに外ならざるなり。次に行とは如何と云ふに、他なし、如上の願望を出現せしめんが為の行業にして、所謂三業（身に行ふ業、之を身業と云ひ、口に行ふ業、之を口業と云ひ、心に行ふ業、之を意業と云ふ）の修行即ち是なり。而して発表する三業の別ありと雖も、畢竟するに皆一心の発動なり。其の心迷へば則ち迷界を認め、迷業を行ひ、其の心悟れば則ち浄業を行じて、浄土を建立す。恰も、悪漢は悪党を結び、義人は義勇団を成すが如し（義勇団の主荘厳は徹底義勇の赤誠に溢るゝ主人公にして、其の眷属たるもの亦た満身義勇の忠魂たるべし。而して其の逍遙する所は、放目皆義勇の境遇、其の行ふ処は接触悉く義勇の事にあらざるなく、其の門に入れば、義勇の風ありて、義勇の香を吹き、其の人容を眺むれば、何れも皆義勇心の表相ならざるはなし。是れ乃ち義勇境成就の一端なり。極楽浄土の成就以て推想すべし)。「随其心染則世界染、随其心浄則仏土浄」の詳細は『維摩経』「仏国品」に明らかなり。就て見るべし。

願行果徳の詳細は容易に得て説く可からずと雖も、要するに、何れも皆悉く無量無辺不可思議なりと云ふ可し。今其の因願果徳の一端を摘述せんに、願条無量なりと雖も、自利、利他、共利の三種とす可し。自利の願は、其の結果として主荘厳の徳相を成ずる所のもの、仏の光命寿命等の徳相に関する願是なり。次に利他の願は、其の結果として眷属荘厳の徳相を成ずる所のもの、眷属の光明寿命の無量を願ずる等是なり。此の内特に一切の有限を摂取するの願を他力教の要願とす。第三に共利の願とは、主伴の両者が居住する所のものにして、国土清浄、純善無悪、妙楽円満、等の徳相を願ずる所のもの是なり。此の如く願因の自利、利他、共利と三様なるに応じて、成果に主荘厳、伴荘厳、国土荘厳の三者あり。安楽国土の荘厳は、本願心より起ることを領解すべきなり。其の実際は所謂唯仏与仏の知見なりと云ふものにして、無限霊妙の境界、吾人有限の得て測量する所にあらざるなり。只僅に吾人知見の境界を以て比説せば、眼前の帝国の如く、主荘厳の君あり、伴荘厳の臣あり、而して主伴共享の邦国あり、以て輯睦謳歌の粲爛たるあるは、其れ猶ほ安楽浄界に彷彿たるものあるか。有限の現境尚此の如し。無限の楽邦は君臣其の荘厳を異にすと雖も、其の内証全く平等一如にして、無限の霊妙を完具し、国土の荘厳亦た復た無限円満にして、清明澄潔、熙怡快楽、不可思議なる其の相状、仏陀も亦た不可具説の結嘆に帰せざる能はざる所なり。

願｛自利的――主荘厳／利他的――伴荘厳｝――衆生世間清浄｝果
　｛共利的――国土荘厳――器世間清浄｝

此の如き願と果との間に立ちて、所謂実質的原因たる修行は、如何なるものなるか。此れ亦た無量無辺不可思議絶大にして、吾人の得て言語し得る所にあらずと雖も、強ひて要言して、身業、口業、意業の三大不可思議業と云ふ（是れ亦た比説たること論を待たず）。『無量寿経』に意業を説きて曰く、「不レ生二欲覚瞋覚害覚一、不レ起二欲想瞋想害想一、不レ著二色声香味触法一、忍力成就不レ計二衆苦一、少欲知足無二染恚癡一、三昧常寂智慧無礙、無レ有二虚偽諂曲之心一、和顔愛語先レ意承問、勇猛精進志願無レ倦、専求二清白之法一以恵二利群生一」。身業を説きて曰く、「恭二敬三宝一奉二事師長一、以二大荘厳一具二足衆行一、令二諸衆生功徳成就一、住二空無相無願之法一、無レ作無レ起観二法如一レ化」。口業を説きて曰く、「遠二離麤言自害害彼彼此倶害一、修二習善語自利々人々我兼利一」と。

三一　三種荘厳

三種の願心に応じて三種の荘厳の存することは、論理上の必要と云うて可なり。然るに、今転じて更に他の方面より之を説明せば、三種の荘厳は是れ万有の成立上に必然なるものなりとす。其の所由如何と云ふに、抑〻万有は是れ有機的組織に存立するものにして、其の状様之を主伴互具の関係と云ふ（『骸骨』「有機組織」「主伴互具」の項参照）。其の主伴は是れ相対差別門上の談にして、其の互具は是れ絶対平等門上の談なり。而して絶対相対不即不離にして、平等差別不一不二なるを概称して、主伴互具とは云ふなり（或は主伴互融と云ふも可なり）。此の二門の円満成就の相、之を器世間清浄、衆生世間清浄と云ふ。中に就て、相対差別門の衆生世間清浄は、更に二面に分れて、一は主荘厳となり、一は伴荘厳となる。蓋し差別には必ず主伴なかる可からざるは、是れ差別の差別たる所以なればなり。此の如くにして、三種の荘厳は、是れ平等差別、絶対相対の両門上に於て、徳相の円満を開説するものに外ならざるなり。徳相の円満、此の三種の荘厳に出でざる可からざること、豈に必然ならずや。

無限の徳相 ｛ 平等（絶対）——国土荘厳——器世間 ｝
　　　　　　 ｛ 差別（相対） ｛ 主的——主尊荘厳 ｝ 衆生世間 ｝ 清浄
　　　　　　　　　　　　　　 ｛ 伴的——伴属荘厳 ｝

（天親菩薩『浄土論』に曰く、「二十九種の功徳、三徳の荘厳、二種の世間は、一法句に略入す。一法句とは清浄句是なり」と、以て想ふ可し）。

二月二十八日

三二　浄土

浄土と云ひ、極楽と云ひ、安養と云ひ、楽邦と云ふ等、其の名異なりと雖も、蓋し先に言ふ所の二世間、三荘厳の謂にして、主伴なきの国土を云ふにはあらざるなり。無限の願心に自利、利他、共利の三者あるが故、其の成就の果報に主、伴、国土の三者必具すること、勿論と云はざる可からざるなり。唯だ簡単に称挙するに当りて、共利の果報たる国土を以てすると見て可なり、然り而して、茲に疑問の生ずる所以は、此の如き三種荘厳は、是れ果して有形的に某方位に歴然として存在するものなるや、否や、と云ふにあり。直答せば、然りと云ふの外なきなり。然れども、今少しく之を詳論せば、抑〻彼の三荘厳は是れ無限の果報にして、吾人有限の得て推想し得る所にあらざるなり。唯だ已に自利、利他、共利の三因願心あるが、此に応じて三種の果報あることを説かざる可からざる必要あり。然れども、既に是れ有限界の言説を超絶せる妙境界、之を説かんとするに亦た窮せざるを得ず。是れ進むも窮し、退くも窮する所、乃ち止むを得ず、有限の境界に就き、其の勝なるものを取りて、之を比説し得るに過ぎざるなり。故に彼の無限の妙境、全く有限の言説の其の如しとするは、誤謬を免れざるものと知る可し。然れども、吾人が吾人の言説を以て事物を指示するは、只吾人の境界相応に之を認むるに止まるものにして、事物の真相に至りては、未だ之を以て尽せりと云ふ可からざるなり。仏教に所謂一水四見とは、此の事情を比解せんとするものなり。吾人が見て水と為すものを、天人は以て瑠璃となし、魚は以て住所と為し、餓鬼は以て火と為すと云ふ。然らば、此の四見何れが正、何れが不正なるや。一も正なるものなく、一も不正なるものなし。各〻其の境遇に相応したる点より云はゞ、何れも正当なりと雖も、若し夫れ己の所見を以て他を律せんとせば、何れも不正たらずんばあらず。之を行業果報の不可思議と云ふ。蓋し彼の四見の心霊は、各々其の過去の行業の因によりて、現在の境にある果報を受得し、其の果報の境遇に応じて、或は之を水と認め、或は之を瑠璃と認め、或は之を住所と認め、或は之を火と認むるもの、只之を不可思議と云はんのみ。強ひて其の理由を求むるも、豈に得可けんや。有限の境界尚且つ四見の不同ありて、一概に推論すべからず。況んや有限の言説を以て、無限の妙境を説破せんとするをや。豈に不可思議を忘る可けんや。夫れ此の如くなるが故に、彼の妙境に就て、其の有相無相、有形無形、有方無方を論ずるが如き、豈に盲者の評色のみならんや。若し夫れ吾人の信仰の必然より、吾人相応の知見に住して之を仮想せんとせば、之を有形とするも、之を無形とするも、各〻其の知見に住して可なり。豈に一概に律定するを要せんや。只行業果報は不可思議なることを忘る可からざるなり（此に依て浄土『無量寿経』の楽邦段に於て、阿難の仏に対する質問ありて、仏は乃ち行業果報の不可思議を宣揚し玉ふ。是れ一見軽端の事の如しと雖も、其の実楽邦段の全体に関する註釈なり。注意せざる可からず）。（先に、「随其心浄則仏土浄」の説を引けり。以て対考すべし）。（尚生即無生の段をも参照せば、益する所あるべし）。

三三　伴属荘厳

三種の荘厳中に就て、国土荘厳と主尊荘厳とは、其の由来知る可きなり。是れ有限界の上に在りても、心境（主客の両観）あるに等しければなり。然るに、独り伴属荘厳に至りては、是れ無限界の特象にして、有限界に見る能はざる所のものなり。何となれば、有限界には、彼此各々箇々別立して、互に相下らざるが其の当相なればなり。一有限は如何に之を打検するも、其の内に他の有限を従容すべき必然を具へざるなり。然るに、無限に至りては全く之に反し、一物も其の範囲外に存するを許さゞるなり。故に有限如何に夥多なりと雖も、皆無限の内に包括せられざる能はざるなり。是れ無限の主尊には夥多の伴属なかるべからざる基本なり。然りと雖も、既に是れ伴属なり、主尊の自体と同一のものにあらず。主尊より云へば、全く他外の体なり、別箇の霊なり。果して然らば、其の出処は如何、其の由来は如何。是れ茲に究定せざる可からざる問題なり。而して此の問題こそは、実に他力教中の最大要義たるものなれ。乞ふ先づ伴属荘厳の由来を思へ。是れ乃ち因中の利他的願望より成就せる所の結果なり。而して因中の利他心は、是れ全く願主の対外観察により出生せるものにして、所謂大悲摂化の方便の現出する本源に発するものなり。乃ち大悲方便の目的は何にありやと云はゞ、正しく迷界の一切生霊を摂引して、自家同一味の伴類たらしめんとするに外ならざりしなり。所謂教化の本源、救済の大目的たる迷界の万霊こそ、正に此の伴属荘厳の出処たるなれ。伴属荘厳の因果、大いに考究せざる可からざるなり。

伴属荘厳——利他心——迷界心霊

三四　有限の信心（華開蓮現）

三月一日

伴属荘厳の由来出処は、既に之を説けり。而して此の荘厳の因果は、実に無限の夙に設計せる所にして、特に方便の第二第三段は全く此の事なり。今其の第二段有限の信心を略述せば、是れ上の蓮華開発の処に現出する新生の蓮実、其の物なり。抑〻蓮の生長は、他の多くの生物と同じく、実より華を開き、華中に実を成し、展転開成して次第に繁殖するものなり。今無限の開発亦た之に同じ。最初に一無限の開成するあれば、其の因果中に他の有限の開成を包蔵し、此の増上縁に依て開成せる無限も、亦た其の他の有限を開成せしめ、展転引導して開発止むことなし。恰も蓮々転生して、繁殖止まざるが如し。只蓮は有限生のものなるが故に、一定の期を過ぐれば、古蓮は次第に枯死散消すと雖も、無限は其の名の如く、無限生のものなるが故に、此の如き死消あることなく、各自の意楽に応じて（還相回向）変現応化の事あるの差あるのみ。然り而して、此の如き展転開成の相続するは如何なる設計によるや（蓮の成育は到底無限の開成と同一にすべからざること、此に明白なるに至る）。他なし、先に少しく暗示せるが如く、有限の願行は、其の内に一切有限の願行を摂すべきこと論を待たざるなり。而も亦た各〻有限の有限的願行にあらずして、無限的願行を摂するなり。乃ち一切有限が、各々無限に開展せんとするの願行を摂尽するものなり。然らずば、無限の願行は真の無限の願行にあらざる可ければなり。是に於てか、疑なき能はざるものあり。有限各自の無限的願行にして、此の如く既に他の為に摂せられんとせば、各〻有限は疾に此の事を了知しあらざる可からず。然るに、実際此の如きことなきが如し。現に一切有限が各自に皆此の事を了知しあるにあらざるのみならず、其の僅に無限的願行を覚知せるものも、亦た未だ既に他に摂せらるゝことを知らず、各〻自ら初めて之を発起せるものと思へるにあらずや。各自発得の願行を以て他力回向のものとするものは、蓋し百千中にも一二あるやなしや、疑はしかる可し。是れ、此処に論述し来れる所説に背反するものならずや、如何。答へて曰く、疑難の要旨一理ありと雖も、是れ未だ全系を了せざるものなり。蓋し無限方面よりの所説を聞きて、未だ有限方面より来れる所説を聞かざるの過なり。抑〻有限が翻然として悟達の道に入ることは、一言に云はゞ、自然に偶然に此に到ると云ふ可し（自然は即ち他力なり）。是れ他力門に限ることにあらず。自力門に在りても、有限が各自に無限性を具することを覚知するは、同じく自然偶然なり（悉有仏性とは悟達者の教説なり。有限一般の原信にあらざるなり）。然るに、今進んで所謂自然偶然を一考すれば、其の早晩不定なるは、若干の事情あるにあらずば、到底解すべからざることなり。而して其の事情とは他なし、有限各自の業報なるもの則ち是なり（宿善、開発によりて信念を発得する、則ち是なり)。

三月二日

三五　有限

物各〻其の眼を以て境遇を観察するは自然の事にして、亦た然らざる能はざる所なり。宇内の万象、夫れ或は唯一存在たるべしと雖も、其の之に対する所の心鏡に映じて、万殊不同の世界観となるべきこと、啻だ一水四見のみならんや。故に今有限界の万有組織と、無限界の万有組織と大差あるべきこと、固より当に然るべき所なり。彼の業報の談(宿業の議)の如き、亦た其の一端たるものなり。今之を解釈せんが為に、有限全般に関する要義を略述すれば、有限の生存は有限にして、其の前際後際共に限界あるや勿論なり。夫れ然り。故に過去を追想すれば、無量の生死ありしを否する能はず。未来を推考すれば、無量の流転あるを拒む能はざるなり。之を名づけて、無始曠劫、未来永劫の流転輪廻と云ふ。而して此の如き流転輪廻の相続は、是れ皆因果応報の鉄軌に統制せらるゝものにして、所謂因縁生の境界たるもの、即ち是なり。乃ち一生の行業は、其の善悪(無記)の性質に応じて、勝劣苦楽の果報を引起し、大小の因果展転重畳して、億万不可計の異類を発展せしむる、是れ即ち因縁界の当相なり。其の因縁業報の詳細は、今茲に備説し得る所にあら

ずと雖も、仏書に常説とする所の要略を挙ぐれば、

順現業とは、現生に於て其の行業の果報を感受するもの。

順次業とは、次生に於て現生行業の果報を感受するもの。

順後業とは三生乃至多生の未来に現業の果報を感受するもの。

此は現生の行業の因に依り、其の果報する生の異に従ひて区別したるものなり。其の各生の因縁生起は、他の説明を待つものなり。而して其の説明とは所謂十二因縁即ち是なり。

今之を譬説すれば、造業の間断なきは涓滴の止まざるものあるが如く、其の間に生々段落の生ずるは、恰も彼の涓滴が一器に満つれば、其の器自ら一転して更に新滴を受くるに至るが如し。而して其の順生順次等の分るゝ模様は、彼の涓滴に油、水、種々の液質あり

て、其の滴落するに当りて、各液其の質に由て、別々器に流注するものと思ふべし。蓋し液質の殊別なるは、造業の殊別なるに比し、其の別流するは、彼此の造業、相拒相排の能ありて、只一類相応の業のみ相寄りて一生命を結成すること、恰も同類大小の涓滴は同器に注入して、此に集合するが如きに喩ふるものなり。

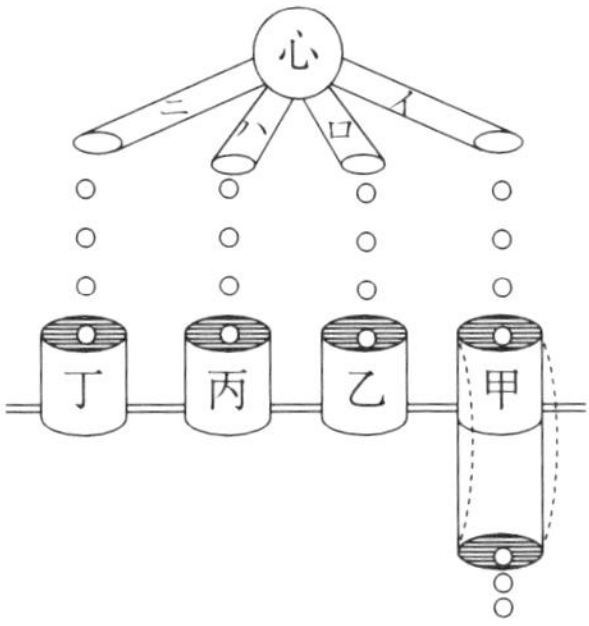

図解。一器傾覆中は他器は傾覆せざるものとす。且つ傾覆の器、其の内容を注射し了れば、直ちに本位に復立し、同時に他器中最満の一個傾覆して注射を始むるものと思ふ可し。

三六　造業種別

三月三日

業報の大略を前項に之を説けり。而して其の生界の種々の等級に別るゝ所以は、蓋し造業に善悪浄染の差等あるに依るものなり。善悪標準の論は多様なりと雖も、宗教上に正確なりとすべきは、無限に向ひ進むを善とし、之に背き退くを悪とするにあり（『骸骨』参照）。然るに、流転開発の事を詳かにするには、更に造業に浄染の別あるを知らざる可からず。其の浄とは、無限を覚知したるの行業にして、其の染とは、之を覚知せざる行業なり。

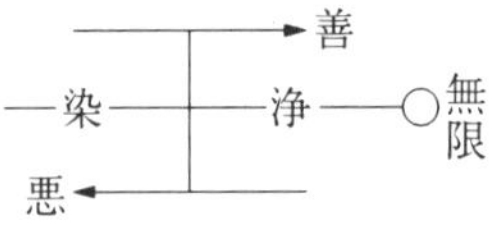

浄或は無漏と云ひ
染或は有漏と云ふ

三七　煩悩

染浄の不同は、行業上に大関係を有するものにして、宗教上の最大要義の一なり。今其の然る所以を略陳せば、宗教の目的は、有限を無限に開展せしめんとするにあり。所謂転迷開悟は即ち是なり。迷とは無限を遠離する境界にして、悟とは無限に近合する境界なり。此の迷悟の分るゝ所以は、一に無限を覚知すると、せざるとに起因するものなり。固より覚不覚に関せず、善悪の業因によりて、昇沈の事ありと雖も、是れ只迷界中の盲動にして、此の如くして悟境に達する能はざるなり。蓋し無限に進向する一定の度に至れば、必ず無限の覚知に入りて、更に進昇すべしと雖も、若し此の覚知なきときは、到底此の程度以上に及ぶ能はざるなり。其の段落の地位を略図せば、

不退	見性	見道	初信	歓喜地	賢位
		世第一法	凡夫		

段落の着位は此の如くなりと雖も、是れ只液体の一定温度に至りて、卒然沸騰するが如きのみ。若し其の下層を探りて、加熱の有様を検し来れば、只度々の増温に依るものなり(所謂煖法とは火熱大いに増進したる位なりと云ふ。以て比較すべし)。而して熱の進むは寒を排するに因る。寒気全く消滅すれば、堅氷茲に溶解するを見る(氷と水の喩は、仏法の常套なり)。然り而して、此の氷結の本源たる寒気は是れ何物なるや。仏家に所謂煩悩是なり。蓋し吾人をして迷界に繫ぎて、煩悶悩苦せしむるに名づけたるものなり。是れ何物なるや。他にあらず、無限を覚知せしめざる暗昧心にして、所謂不覚或は無明是なり。此れ元一個の昧心に過ぎずと雖も、所謂毫厘の差千里に至るもの、終に八万無量の塵労と成るものなり。今之を略説すれば、凡そ称算して八万四千と云ふ。収めて百八となし、更に括りて十使とし、尚又摂して三毒とす。三毒とは貪慾、瞋恚、愚癡是なり。而して、其の本源は只一の根本無明に過ぎざるなり。有限無限の関係によりて之を表すれば、抑々各個の有限は其の無限に対する関係と、他の有限に対する関係の二者あり。前者を覚知するは、先に謂ふ所の見道の浄信なり。此の覚知は自然に必然に、彼の有限に対する関係の覚知をも包含するものなり。然るに後者の覚知は前者の覚知を包括する能はざるが故に、単立孤行するときは、則ち顚倒の妄心となり、彼の有機組織、主伴互具の関係を了せざるが為に、各個独立の誤想よりして、有限界内、怨敵仇讐的の迷謬よりして、無限其れ自らに対しても、亦た反抗の勢を生ずるに至る。此より三毒を生ずるの有様は次図の如し。

無明
- 根本無明
  - 見道浄信（能発一念浄信）
  - 無限に対する不覚（唯だ有限のみを実在とする迷謬）
  - 無限に対する覚知
- 順境に対しては貪欲となり、
- 逆境に対しては瞋恚となり、
- 中境に対しては愚癡となる。

三八　無明

進んで転迷開悟の要義を述べんとするに先だち、迷の根本たる無明の説を明らかにせざる可からず。蓋し源泉明らかならざれば、末流の明らかなるを望むべからざればなり。然るに、無明は到底有限智の説尽し得る所にあらず。畢竟不可思議なるもの（『骸骨』四九頁、七九頁参照）にして、吾人の説明以外に在るものなり。今只其の外形のみを提示するを得るのみ。其の実体の有無を問ふに、有と云ふ可からず、無と云ふ能はず。何となれば、無限の眼より見れば、其の体あるべからずと雖も、有限の目より視れば、其の体なしと云ふ能はざればなり。乃ち有限の方より無限に対する関係を審らかにせんとするに、到底之を尽す能はざるなり。此に因りて、事物の真相に迷ふことは、実に現前疑ふ能はざる所なり。然るに、無限の方よりして有限に対する関係を知らんとするに、其の涯底を悉して余す処なく、瞭々昭々毫も不明の存すべきなし。故に、無明は有限無限徹底の関係にして、

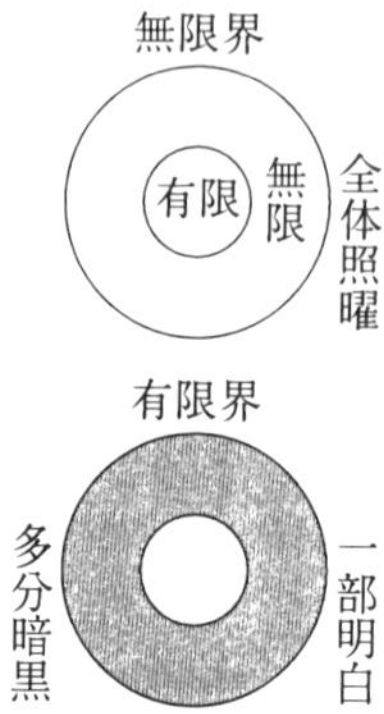

吾人有限にありては、実に迷情の本根たりと雖も、彼の無限界の覚者にありては、是れぞ万有本真の真理たるものなり。是れ無明は真如に不一不二なる所以なり(有限界には真如無明は不一なり、無限界には二者不二なり)。夫れ既に此の無明業相あり。此より転じて、能見相、境界相を現じ、更に進んで、執取相、計名字相、業繫苦相に入り、乃至八万四千塵労門に趣向すること、『起信論』に就て詳らかにすべし。

三九　迷悟凡聖

三月四日

有限無限の関係を覚知せざる（即ち無限を覚知せざる）本源よりして、能所彼我隔歴の妄見よりして、乃至八万不可計の塵労門に繋在する境界、之を名づけて迷界と云ひ、此界の住者を凡夫と云ふ。之に反して、彼の顚倒の妄見を飜掃し、有限無限の関係を覚知せる（即ち無限を覚知せる）より以上の境界、之を名づけて悟界と云ひ、此界の住者を聖人と云ふ。而して凡夫に数等（否無数）の階級あると共に、聖人に亦た数等（無数と云ふも可なり）の階級あり。仏教に之を大別して、六凡四聖と云ひ、或は内外凡、賢聖、等の名称を立つ。中に就て、凡夫に階級あるは当然見易き所なりと雖も、聖人に差等あるは如何と

- 相対
  - 妄界（衆生界）
    - 凡――妄見界――（外凡）（内凡）等 ――迷界
    - 聖――妄習界――（七賢）（七聖）等 ┐
  - 真界（仏界）――大聖 ┘――悟界
- 絶対――真妄是一――凡聖不二――迷悟不離

云ふに、是れ他なし。彼の煩悩妄見に八万不可計の別あるが如く、此の煩悩妄見の習気に亦た八万不可計の異あるを以て、之を伏断するの多少に随ひて、聖人に等差なき能はざるものたるなり。之を略図すれば、左の如し〔本書では図は前頁に挿入〕。

四〇　転迷開悟

宗教の要旨たる転迷開悟〔は〕、前項迷悟の諸階中に於て、劣等より進んで優等に入り(凡の方を劣と云ひ、聖の方を優と云ふ)、終に悟界の極点大聖の位に達するにあり。此に自力他力の二門あること、先に指説せるが如し。而して之を妄見妄習の方面に就て解せば、自力門は妄見の枝末より刈除し、進んで幹根を切断するにあり。他力門は先づ妄見の根本を扣除して、枝末を自然の消滅に任ずるにあり。妄習の排泄に至りても、自力門は妄界にありて之を洗除せんとし、他力門は真界に於て之が脱落を期するものなり。

四一　他力信行

自力門の断惑証理は茲には之を略し、主要なる他力門の信行は今正に其の説明を為す可き所なり。蓋し此の信行は、是れ正しく前項所説の妄見の根本を扣除するものなり。其の様如何と云ふに、此の信行是れ正しく有限無限の関係を覚知する（即ち無限の大悲を覚知する）より起れるものにして、全く悟道の源底に達せるものなり。既に悟道の源底に達せるものなるが故に、其の迷界の本源を扣除するものなるや勿論なり（二者は両立せざるものなればなり）。本根にして既に扣除せられんか、自然に枝末の枯落せんこと、言を待たざるなり。故に他力門には妄見の伏断を多言せざるなり。只彼の無限の覚知は最重の要義にして、其の相続は実に一教の要目たり。之を信行と云ふ。亦た真覚真習と云ふ可し。

信──真覚──悟無限覚知
行──真習──真覚之習性

此の真覚が如何にして迷情の本根を直断し得るや。他なし、是れ無限的の妙用なればなり。而して無限的の妙用が如何にして有限の心霊に存し得るや。他なし、顕在無限の廻向賦与に依るが故なり。其の他力回向の必然は、先に無限の因果中に明らかなるが如し。

四二　獲信因果

然り而して、此の如き回向は同一斉に一切の有限に受得せらるゝやと云ふに、是れ有限獲信の因果上、然る能はざるものありて存することを知らざる可からず。然らずんば、所謂他作自受の邪義を免れざるなり。今其の正当因果、即ち獲信の自作自受なる所以を弁ぜば、抑〻前段所説の如き無限の真覚の受得するに至るは、其の由て来る所の歴然たる基本なくばあらざるなり。如何。他にあらず、有限が其の過去曠劫の流転中に於て、蓄積し来れる宿世の善根こそ、正に此の無限大信獲得の基本たれ。然らずば、何ぞ忽ちに此の妙福に遭遇するを得んや。而して宿善の厚薄は、有限各個にありて互に不同なき能はざるや、固より其の処なり。故に万多の有限が其の浄信開発の時機に於ては一斉なる能はざること喋々を待たざる所なり。然れども、是れ決して無限の徳を損ずるものにあらざるなり。無限平等の大悲は斉しく同時〔に〕十方世界を照曜すと雖も、有限盲者の因果は其の眼孔を翳蔽して、光明を受くる能はざらしむるなり。有限無限両者の因果相湊合して、茲に初めて有限獲信の時機到来すること、豈に然らずと云ふを得んや。

四三　正定不退

三月二十六日

異名 ｛見道位　見性位　悟位　正定地　阿惟越致地　歓喜地　等正覚｝ ＋ 平生業成

他力門の信者、正信獲得以後を正定聚不退の位に住すと云ふ。正定聚とは、正に大果を成ずるに定まりたる聚類の義にして、又宗教上の大安心正に定まりたる聚類の義と云ふべし。蓋し有限の身心、頓に無限の資格あるを自覚するの位（悟位、見道位、見性位と名づくる所以）にして、宗教実際上、最も重要なる地位たること論を待たざるなり。其の地位に至れば、茲に将来の大証果に安心するが故に、其の喜悦亦た甚だ顕著なるものなり（歓喜地と名づくる所以）。且つ此に一到するものは、彼の大果に至らずして、前の有限地に退却することなし（不退転地と名づくる所以）。是れ他なし、彼の無限他力の、此の信者を住持して摂取することあるが故なり。更に此の他力門の正定聚不退転者は、自己の行業に依らず、純ら他力の救済に任ずるものなるが故に、此の地位よりして彼の大果に到るに、夥多の階次を経るを要せず。此土命終の立所に、大般涅槃の妙果を証得す。故に、此の点よりして此の位を観ずれば、正に是れ等正覚地（妙覚の前位）に相当するものなり。然り而して、此の位に附属して、所謂平生業成の一大義あり。是れ他力門の他力摂受の特徴にして、大安心大歓喜の存する所以の要義なり。其の趣意如何と云ふに、他力門奉教者は、其の正信決定の上は、更に一行業の以て証果の為に修すべきなく、未来大覚の業事は全く成弁し了せる有様を、平生業成とは名づくるなり。是れ乃ち大慶喜心の相続し得る所以の源泉なり。之を自力門奉教者の有様に比せんか、益〻其の妙致を領解し得可し。何となれば、自力門奉教者は、仮令一段の不退位に達すと雖も、其の上の階次は、更に幾何の難行苦修を勉めずば、妙覚の大果に進む能はざるが故に、不退位の歓喜も亦た前途進修の念慮に擾妨せらるゝを免れざるなり。これ他力門の不退位は、前後二途に対して正定の歓喜地なりと雖も、自力門の不退は、只後途に退転の憂苦を除きたるのみにして、前途の証果に対する煩慮を去らざるの大差違あるに由るものなり。

四四　信後行業

三月二十七日

正信決定の者は、正定聚の位にありて、平生業成の慶に在り。最早自己成果の為に、別に修すべき行業あることなし。然れども、尚此の生に存続する間は、日夜幾多の行業に従ふものなり。此の信後の行業は、宗教上に如何の資格を有するものなるや、是れ一考すべき所なり。

今其の大要を述ぶれば、抑〻正信一旦決定せば、其の観念常に心裡に相続して、毫も間断することなし。之を純一相続の憶念心と云ふ。既に心裡に憶念の相続するあらんか、其の内心自然に外相に表発すること、亦た当然なり（心内にあれば、行外に現るゝものの是なり）。乃ち信者の身口意に発動する所の行業は、皆悉く此の憶念心の外発作用に外ならざる可きなり。然り而して、信者の行業、常に此の如き浄業たる能はざるものあり。他なし、過去曠劫の迷的惰勢は、現在の生身に薫染して（過去経験の結果が現身に積集して）、彼の浄業の相続を妨害するものなり。故に正信決定後の行業は、或は浄、或は染、転た相交錯して一定ならざるを見る。今之を有限無限の関係に就て略説せば、有限は各々別立のものなりと思ひて、曽て我他彼此の念を忘るゝ能はざりしも、一旦無限に対向し来れば、主伴互具の関係瞭然として掩ふ可からざるに至る。而して一旦瞭然たりし関係は、常に相続して永劫不断なりと雖も、有限個立的の宿習は、尚其の習慣惰勢を奮ひて、常に此の主伴互具の関係を壅蔽せんとするを免れざるなり。此に依て、或は正念、或は邪念と、現生の間は正邪の行業が紛乱交錯して一定せざるなり。

四五　信後風光

獲信の得益甚だ多条なりと雖も、一括して之を云ふときは、宗教の目的を遂成して、信者の心底一大安喜の発現するにありと云ふ可し。所謂慶喜歓喜と称するもの是なり。此の喜心たるや、一旦現起の後は、永く継続して断絶することなく、転じて万多の場合に表発し、信者の一生をして悠々楽しむ所あらしむること、固より其の所なり。然れども、是れ只一方を観じて、未だ他の一方を察せざるものなり。他なし、他力摂取の浄面に対して、宿習侵襲の染面を認めざるものなり。故に、若し夫れ煩悩其の勢を潜めて、正念尅復の時には、常に鬱然として浄念の煥発するありて、信者をして、恰も既に極楽界中に在るの思ひあらしめ、或は身自ら既に正真の大覚たるの念に住せしむるに至る。所謂……

「有漏の穢身は変らねど、心は浄土に住み遊ぶ」

又、「信心よろこぶ其の人を、如来とひとしとほめたまふ」

等の意と契当するものなり。

然れども、信心決定の行者、必ずしも忽ち全く仏陀と化し、常に浄土に住するにあらず。彼の自力門大悟の大士も亦た悟後の修行の完からざる間は、生身の仏陀にあらざるが如く、他力教門の信者、其の信心実に金剛の堅を持すと雖も、若し夫れ煩悩紛起して、邪念強盛の時にありては、或は外道悪魔に近似することなしと云ふ能はざるなり。唯だ
「貪瞋の煩悩はしば〳〵起れども、まことの信心は彼等にも障へられず。顚倒の妄念は云々」

の聖語を諦念して心身を安静ならしめ、深く小心戒懼すべきあるのみ。

解説

藤田　正勝

一

清沢満之がその最初の著書であり、生前に公刊された唯一の著書である『宗教哲学骸骨』（法藏館刊）を出版したのは一八九二（明治二十五）年のことでした。『他力門哲学骸骨』が執筆されたのは、それから三年後の一八九五（明治二十八）年のことです。『他力門哲学骸骨』は四五の節からなりますが、そのうち約半分のものには日付が記されています。第八節「因縁所生」には「二月七日」、第四四節「信を得た後の行い」には「三月二十七日」と記されています。そこから一八九五年の一月末（ないし二月初め）から三月末にかけて執筆されたと考えられます。

この『他力門哲学骸骨』は、『宗教哲学骸骨』と異なり、草稿の形で残されたものです。『宗教哲学骸骨』の方は真宗大学寮（大谷大学の前身）において行われた講義がもとになって、その翌年に出版されたのですが、『他力門哲学骸骨』の方は講義で話されたものではありません。清沢は一八九四（明治二十七）年四月に結核と診断され、須磨・垂水に転地療養をしていました。その病床でこの草稿は執筆されました。

病状は決してよくありませんでした。この転地療養中に清沢は、「保養雑記」と題した日記（明治二十七年七月から二十八年七月まで）を執筆していますが、その第四編の三月十五日の欄には、「妻やすには余の心中も予《かね》て承知のこと、今別に云ひ遺すべきことなし。只だ後を宜敷き様重ねて依頼し置くのみ」と記されています。この言葉から、清沢がはっきりと死を覚悟していたことが読みとれます。その覚悟のなかで、何かを遺したいという意図が清沢のなかにあったのではないでしょうか。病床で清沢はまず『在床懺悔録』を執筆し、そのあとこの『他力門哲学骸骨』を執筆しました。この二つの草稿に、清沢は彼の遺言という意味を込めていたのではないかと思います。

『在床懺悔録』では、清沢は他力仏教の問題を正面から取り扱っています。そのなかで『宗教哲学骸骨』の参照が指示されており、そこでの考察が踏まえられていることはまちがいありませんが、しかし『在床懺悔録』は、「宗教哲学」という性格をもつものではありません。親鸞の『教行信証』の枠組みに沿って、浄土真宗の教義の主要な問題が論じられています。それに対して『他力門哲学骸骨』の方は、後でも述べますが、『宗教哲学骸骨』の問題意識を受け継ぎ、「宗教哲学」としての性格を強くもっています。しかし他方、その表題の通り、他力仏教の問題を主要に論じており、『在床懺悔録』での考察と深い関わりをもっています。『在床懺悔録』での思索を踏まえた上で、改めて宗教哲学に関する諸問題が論じられたと言ってよいかもしれません。

『他力門哲学骸骨』の自筆草稿は現存しており、清沢の自坊であった西方寺（愛知県碧南市）に所蔵されています。それが最初に公にされたのは、一九〇三（明治三十六）年に清沢が満三十九歳で亡くなってほぼ十年後に、清沢が開いた信仰共同体「浩々洞」に集まった弟子たちの手によって、『清沢全集』（無我山房刊）が刊行されたときでした。『他力門哲学骸骨』はその第一巻「哲学及宗教」に収められていますが、そこに編者によるまえがきが付されています。草稿がどういうものであったか、またこの全集においてそれがどういう形で編集されたかがそこから分かりますので、以下にそれを引用することにします。

此篇は明治三十一年〔二十八年が正しい〕の一月より三月にかけて、逐日記されたるものと覚ゆ。原稿は美濃青罫紙、同赤罫紙、半紙青罫紙、赤の原稿紙等四通りほどの紙に記さる。而して、先生自ら之を一線のこよりもて綴りおかれぬ。題号は先生自ら付し給ふ所に順ふ。各節の番号は、編輯の際之を付せし也。最後の四三、四四、四五の三節は他の諸節と異りたる紙に記され、共に綴られてあらざりしかども、其の意に於て本篇に続くものなれば、本篇の後に掲ぐることゝしぬ。本篇の結尾には、何等の記号をおき給はざりしより見れば、此の稿はこれにて了るつもりなりしや、尚ほつづけ給ふつもりなりしや、明ならず。兎も角に未定稿たること疑ふべからず。先生此篇を記し給ふ時、大浜西方寺に〔正しくは垂水洞養寺に〕おはしぬ。

このまえがきから、まず、さまざまな紙に書かれたものがこよりで一つに綴られていたことが分かります。清沢がこの草稿をひとまとまりのものと考えていたことが、そこから分かります。そういう点から言いますと、一緒に綴られていなかった四三、四四、四五節もあわせて『清沢全集』で編集されたことには、若干問題が残るかもしれません。しかし『在床懺悔録』に「獲信《ぎゃくしん》の段落によりて如何なる風光かある」という節が設けられていることからも分かりますように、第四二節「信の獲得と因果」と第四三節以下――第四五節は「信を得た後の風光」と題されています――とのあいだに、内容的なつながりがあることはまちがいありません。

さらに、清沢にこのあと続けて書く意思があったのかどうか不明であると記されていますが、確かにその点について明確にする資料はありません。『宗教哲学骸骨』とのつながりを明確にするために、本書ではその表題を『他力門哲学骸骨』としましたが、正確に言いますと、清沢の自筆原稿には『他力門哲学骸骨試稿』という題が付されています。あくまで「試稿」であるという意識を、清沢は強くもっていたと言えると思います。それは、いったんまとめて綴られたあとも書き継がれたことや、原稿の欄外に推敲の跡があることからも言えるのではないかと思います。四五節のあと、さらに書き継ぐ意思があったのかどうか、さらにはこれを出版する心づもりがあったのかどうか、現在では明らかにすることができません。

『他力門哲学骸骨』は、一九三四年から翌年にかけて『清沢満之全集』（浩々洞編、有光社刊）が刊行された際には、その第二巻「宗教」に収められました。また戦後、一九五三年から一九五七年にかけて法藏館から暁烏敏と西村見暁の編集によって『清沢満之全集』が刊行された際には、その第四巻「石水時代（上）」に収められました。さらに二〇〇二年から刊行が開始された『清沢満之全集』（小川一乗ほか編、岩波書店）では、その第二巻「他力門哲学」に収められています。

二

（1）『清沢全集』（無我山房刊）のまえがきにもありましたように、『他力門哲学骸骨試稿』という表題は清沢自身がつけたものです。「他力門哲学骸骨」という言い方は他にあまり例のないもので、やや奇異な印象を与える表題です。この表題が付されたとき、先に出版された『宗教哲学骸骨』のことが念頭にあったことはまちがいないと思います。両者の内容には深い関わりがあり、そのためにこの「他力門哲学骸骨」という表現が取られたのだと考えられます。

『宗教哲学骸骨』については、その表題がつけられた経緯について、この書の出版に力を尽くした稲葉昌丸が、まえがきの部分で次のように記しています。「徳永君が、この原稿はまだ完全なものではなく、宗教哲学の骸骨と言うことができるだろうかと語ったことから『宗教哲学骸骨』と名づけました」。言わば宗教哲学の骨格にあたる部分だけがそこで叙述されたわけですが、おそらく同じような意図が、この『他力門哲学骸骨』にもあったと言ってよいのではないかと思います。

「他力門哲学」という表現が用いられたのは、『宗教哲学骸骨』に比して、ここでは他力仏教に力点が置かれたからだと考えられます。しかし浄土真宗の根本教義を一つひとつ取り上げ、それを解説したり、その根拠を明らかにすることが目指されたわけではありません。前著と同様、ここでも「宗教哲学」という枠組みが意識されていたと考えられます。そのために「他力門哲学」という言い方がなされたのだと思います——先ほど、『他力門哲学骸骨』では『在床懺悔録』での思索が踏まえられていると記しましたが、いま述べた点から言いますと、『他力門哲学骸骨』は『在床懺悔録』と性格を異にしていると言うことができます——。具体的に言いますと、「宗教とは何か」、あるいは「それはなぜ必要か」、「それが果たすべき役割は何か」といった問題意識が、その叙述の根底にあったと考えられます。こうした問題がとりわけ、他力仏教との関わりで問われたと言ってよいと思います。第一節が「宗教」と題されているのも、そのことを示していると思います。

（2）その第一節「宗教」において清沢は、宗教の目的を「安心立命」、あるいは「抜苦与楽」という言葉で言い表しています。清沢がそこで強調していますように、有限なものとの関わりのなかに、本当の意味での「安心」、あるいは「楽」を求めることはできません。それらは変化して止まないものであるからです。いまわれわれに楽しみを与えているものも、次の瞬間には苦しみの原因になるかもしれません。本当の意味での「安心」ないし「楽」は無限な境遇において、言い換えれば、無限と「適合する」ことによってはじめて生じると考えられます。

そこから有限と無限との関わりが中心の問題として浮かび上がってきます。有限と無限との関係は、『宗教哲学骸骨』においても中心テーマの一つでした。清沢の宗教理解のキー・ワードとも言うべき「有機組織」や「主伴互具」という概念が詳しく論じられたのも、その第二章「有限・無限」においてでした。

しかしその「有限・無限」論は『他力門哲学骸骨』において根本的に考え直されたと言ってよいと思います。『宗教哲学骸骨』における清沢の「有限・無限」理解の核心は、「二項同体」という言葉で言い表すことができます。「もし二者〔無限と有限〕が異なったものであるとすれば、無限の外に有限がなければなりません。しかしそれでは無限の意義に背反します。したがって無限の外に有限が存在することはできません。つまり無限と有限とは同一体でなければならないのです」（『現代語訳　宗教哲学骸骨』二〇頁）という言葉から明瞭に知ることができますように、有限と無限とは同一体であるというのが清沢の基本の考えでした。

『他力門哲学骸骨』においてもその考えが捨てられたわけではありませんが、それがどこまでも事柄の一面であるというように清沢は考えるようになっています。確かに無限の外にそれ以外のものが存在するというのは、無限の概念に背くことです。しかしそれは無限を基準として考えた場合のことです。有限を基準にして考えれば、限界や区別をもつ有限がそのまま無限であると考えることはできません。もし仮にそのように考えますと、迷妄がそのまま肯定されることになりますし、そこから抜け出ようという努力が否定されることになります。したがって、有限者の側から有限・無限の関係を見ますと、無限は有限の外にあると考えざるをえません。以上の二つの主張は互いに相容れないものですが、しかしどちらも誤ってはいません。それぞれに根拠をもつものです。しかし事柄の全体を言い表したものではなく、むしろその一面だけを言い表したものであると言うことができます。清沢は『他力門哲学骸骨』において、その点に気づいたと考えられます。有限と無限との関係が、一つの「矛盾」であることに気づいたというように言ってもよいかもしれません。

『宗教哲学骸骨』と『他力門哲学骸骨』とは、内容的に重なりあう部分も多く、相互に密接に関係しあった著作ですが、後者ではいくつかの点で、事柄がより徹底して考えられていると言うことができます。いま見ましたように、有限と無限とのあいだに根本的な「矛盾」を見いだしている点もその一つです。

（3）さて、このように有限と無限との関わりが矛盾的な関係であるということは、有限と無限とが、それぞれ二面性を有するということでもあります。いま有限性を表にしているとしても、それは本来、その裏に無限性を具えているということであり、また、いま無限性を表にしているとしても、それは本来、その裏に有限性を具えているということです。しかも清沢は、この二面性を動的なものとして捉えています。つまり、有限を表とし無限を裏とするものは、必ず無限を表とし有限を裏とするものへと転じなければなりませんし、無限を表とし有限を裏とするものは、必ず有限を表とし無限を裏とするものへと転じなければなりません。このように有限と無限との関係を「転化」という相において捉えている点に、清沢の特徴があると言うことができます。

そしてそれは仏教の教義にも深く関わる事柄です。先ほど宗教の目的は「安心立命」という点にあるという清沢の主張を紹介しましたが、それも有限が無限に転じるということにほかなりません。その根拠を仏教は、たとえば「悉有仏性」、すなわち「すべての衆生に仏となる本性が具わっている」というように、あるいは「草木国土悉皆成仏」、すなわち「草木も国土も皆ことごとく仏となる」というように言い表してきました。この有限の無限への転化・開発ということを、清沢は仏教の教義の核心をなすものとみなしています。

そしてこの有限の無限への転化は、無限の有限への転化と一つになっているというように清沢は理解しています。有限はそのうちに無限な力を内包していると言うことができますが、それを顕在化し、発展させるということは、「自然に」起こることではありません。そこに「縁」というものが、言い換えれば、無限なものの関与があってはじめて可能になるというのが清沢の理解です。そしてこのように無限なものが有限の転化・開発に関与するということが、とりもなおさず、無限を表とするものが有限を表とするものに転じるということなのです。その根拠となっているものを仏教は伝統的に「慈悲」という言葉で、そしてその具体化を「方便」という言葉で言い表してきました。

この「方便」という概念は、仏教においてきわめて重要なものですが、それに対してはさまざまな疑問や非難が提出されてきました。たとえば、もともと有限を救済する能力を有する無限が、どうしてわざわざ「方便」という手段をとる必要があるのか、という問いもその一つです。こうした問題を含め、さまざまな観点から無限の有限への転化の問題を検討していることも、本稿の特徴の一つです。

（4）さて先ほど、有限と無限とのあいだには根本的な「矛盾」があるということを言いましたが、そのことは、宗教になぜ自力の立場と他力の立場とがあるのかという問題とも結びついています。有限と無限とが同一体であると考える人は、必然的に有限者のなかにも無限な性質ないし能力があると考えるわけですから、その潜在的な能力を奮い起こして無限へと至ろうとします。そこに自力の立場が生まれます。それに対して、有限の外に無限があると考える人は、外にある無限の働きに身を投じ、その力によって無限へと至ろうとします。そこに他力の立場が生まれます。

自力の立場と他力の立場とは、有限と無限との関係が、もともと矛盾をはらむものであったことに基づいて生まれてきたものであると言うことができます。したがって、それぞれがその存在の根拠をもつのであり、相互に排除しあうものではありません。

そのような考えはすでに、『宗教哲学骸骨』のなかでも述べられていました。「心の平安と徳の修得」の章において清沢は、自力の立場と他力の立場とは、言わば箱とその蓋《ふた》のように相支え相補いあう関係にある、あるいは両者相まって真正の信心であり、真正の修行であるというように述べています。『他力門哲学骸骨』で取り扱われているのは、主として他力仏教の内容ですが、しかしそこでもいまのような理解は変わることなく維持されていると言うことができます（たとえば第二五節参照）。ただ「平生業成《へいぜいごうじょう》」という点で両者が区別されることを清沢は述べています。自力の立場では、不退位の境地に達した後も修行が求められますが、他力の立場では、正しい信が決定した段階で、未来の大いなるさとりという事業がすでに完全に成し遂げられたと考えます。このような違いが指摘されていますが、しかしいまも述べましたように、両者はそれぞれにその根拠をもつものであると言うことができます。

三

原文に関しては、西方寺所蔵の自筆原稿を底本にしました。テクストの確定にあたっては『清沢満之全集』（岩波書店）第二巻、ならびに『清沢満之全集』（法藏館）第四巻を参照しました。

この自筆原稿には句読点がありませんが、読みやすさを考慮して適宜句読点を付しました。また同じく読みやすさを考慮して送りがなを付した個所があります。また自筆草稿では、かなはカタカナが用いられていますが、それをひらがなに、変体仮名、略字は通常の表記に改めました。さらに旧漢字を新漢字に改めました。なお、この自筆草稿では各節に番号が記されていませんが、『清沢全集』以来の慣習に従って、本書でも節番号を付しました。

現代語に直すにあたっては、いわゆる仏教用語に関する知識がなくても理解が可能なように、できるだけ分かりやすく表現するように努めました。またこの訳の方だけを読まれる場合を想定し、代名詞をもとの名詞に戻したり、接続詞を補ったりして、論旨が明快にたどれるように工夫をしました。

この『他力門哲学骸骨』については、すでに今村仁司氏の現代語訳があります。清沢の他の論考とあわせて岩波現代文庫の『現代語訳　清沢満之語録』（二〇〇一年）に収められています。訳出にあたって参照し、多くの示唆を得ました。

最後に、清沢の原稿の閲覧を許可された西方寺住職清沢聡之氏、ならびに大谷大学真宗総合研究所に対し、心より御礼申し上げたいと思います。さらに、解説の執筆にあたって貴重な御教示を賜った大谷大学文学部の安冨信哉先生に厚く御礼申し上げたいと思います。

清沢満之（きよざわ　まんし）

1863年生まれ。明治時代の仏教哲学者・思想家、真宗大谷派の僧。尾張藩士の子として生まれたが、のち西方寺に入寺、清沢姓となる。東京大学大学院にて宗教哲学を専攻。1896年東本願寺で教学刷新と宗門改革を主唱したが、一時宗門より除名処分された。1899年真宗大学の初代学監に就任、宗門における人材の養成にあたった。一方、東京に私塾浩々洞を設立し、暁烏敏らと雑誌『精神界』を創刊、精神主義運動を提唱して革新的な信仰運動を展開した。1902年自坊に帰ったが、孤独のうちにも、より高次の信仰を形成し、西田幾多郎などもその影響を受けた。1903年没。著書、『宗教哲学骸骨』『清沢満之全集』8巻（いずれも法藏館）など。

藤田正勝（ふじた　まさかつ）

1949年生まれ。京都大学大学院文学研究科、ドイツ・ボーフム大学ドクターコース修了。哲学専攻。現在、京都大学大学院文学研究科教授。著書、『若きヘーゲル』（創文社）、『現代思想としての西田幾多郎』（講談社）、『日本近代思想を学ぶ人のために』（編著、世界思想社）、『京都学派の哲学』（編著、昭和堂）、『清沢満之―その人と思想―』『現代語訳 宗教哲学骸骨』（編著、いずれも法藏館）など。

現代語訳《げんだいごやく》 他力門哲学骸骨《たりきもんてつがくがいこつ》

二〇〇三年七月一〇日　初版第一刷発行

著　者　清沢満之

訳　者　藤田正勝

発行者　西村七兵衛

発行所　株式会社　法藏館

京都市下京区正面通烏丸東入

郵便番号　六〇〇-八一五三

電話　〇七五-三四三-〇〇三〇（編集）

〇七五-三四三-五六五六（営業）

印刷　リコーアート　製本　新日本製本

ISBN 4-8318-7849-9 C1010

藤田正勝の現代語訳
清沢満之選集 全五冊

1 宗教哲学骸骨……【既刊】一、五〇〇円
2 在床懺悔録……最終回刊行予定
3 他力門哲学骸骨……【既刊】二、〇〇〇円
4 精神主義……次回刊行予定
5 我が信念……次々回刊行予定

法藏館
価格は税別です